JC総研ブックレット　No.21

ふだん着の地域づくりワークショップ

根をもつことと翼をもつこと

平井 太郎◇著
小田切 徳美◇監修

Ⅰ　今、なぜワークショップなのか？

このところ都市部だけでなく農山漁村における地域づくりにも「ワークショップ」が用いられることが増えてきています。簡単には、何人かのグループに分かれて模造紙を広げ、発言を書き留めた付箋を貼ったりまとめたり、お互いの意見を発表しあったりするものです（**図1**）。

すっかり慣れている方もいらっしゃるでしょう。他方で「ワークショップ」など聞いたこともない方、「やったことはあるけど、何の意味があるんだろう」と納得されていない方もいらっしゃるでしょう。

そのようにワークショップに親しんでいないみなさんに対して本書は、「ワークショップとは日常の暮らしや営みの延長」だとお伝えしたいです。同時に、同じ視点から、よくなじんだみなさんに対しては、「何か忘れていることはありませんか」と問いかけさせていただきたいのです。ワークショップは、特別な道具やしつらえがないならないなりに、うまく地域づくりに生かすことが十分できます。

そうなのです。本書がお伝えしたいのは、どうしたらワークショップがうまくできるかという技術論ではありません。むしろワークショップを介して地域が、そしてそこに暮らすみなさんがどう変わったのか、何を取り戻した

図1　よく見られるワークショップ（撮影筆者）

のかという地域の姿です(注1)。したがって本書は、ワークショップになじみのあるなしに関わらない、地域づくりに取り組んでいる、関心をもつすべてのみなさんに読んでいただきたいです。さらに言えば、地域づくりワークショップを企画したり進行したりしようとしているみなさんにも、あらためて手に取っていただきたいです。

1　今、地域づくりとワークショップに問われているもの

今、何かと地域では、自分たちで何かしなければならない雰囲気があります。人はますます減り、何より年行った人たちばかりになっています。村仕事や祭りごとも続けられなくなり、山や田畑の荒れも目立ってきています。かと言って、行政や農協、漁協、営林署といった組織も、いつの間にか身近になくなり、頼りにできにくくなっています。それどころか「住民のみなさん自身で何とかしてください」と言ってくる始末です。そういうとき行政の方から勧めてくるのが、まさにワークショップであることが少なくありません。

第2節で確かめるように、たしかに今の八方塞がりを打開するのにワークショップは役に立つことがあります。というのもワークショップは、今までの常識や権威に頼れなくなったとき、その場にいる人びと自身が経験と知恵を分かち合って、新しいモノゴトを生み出してゆく運動だからです。そうした背景もあり、すでに一〇年、二〇年前からワークショップを取り入れて地域づくりを進めている例も少なくありません。さらに、地域づくりでのワークショップも一定の「プログラム」として組み立てられ、どこでも使える道具として紹介されたり、そうしたワークショップを運営するプロの方も増えてきました。

（注1）宮内泰介『人びとの自然再生』岩波書店、二〇一七年。同書では、ワークショップも含めた社会学固有の「聞く」という営みが、人びとと自然とのうまい付き合い方をいかに呼び覚ますかが論じられています。

社会学を学んできた私自身、今から二〇年ほど前の学生時代にワークショップにふれ、特にこの五年間は年に五〇回ほどさまざまな地域でワークショップの企画運営に携わってきました。そんななかで自分自身の疑問として大きく二つの点を悩んでいます。

一つは、これから地域づくりをしていこうという段階でのワークショップが、どうしても時間の制約を気にした進め方になっていることです。しかし私自身、しばしば自問しています。時間の制約といっても、行政の予算の関係でいつまでに決めないといけないとか、みなさん忙しそうだからあまり頻繁に集まってもらえないとか、集まるのも二時間が限度だとか、地域づくりにとっては本質的でない理由で時間が切られたり、自ら切ったりしていないかと。本書ではまず第Ⅱ章で、地域づくりの立ち上げ期にどんなふうにワークショップを進めていけば、地に足の着いた取組みにつながるのかを、みなさんと一緒に考えます。

もう一つの悩みは、地域づくりをやっていこうとなった後のワークショップです。現在の多くのワークショップは、取組みを立ち上げる準備を重ねつつ同時に取組みの方向性を共有する段階で活用されています。たとえば山浦晴男氏の「寄り合いワークショップ」(注2)もその一つです。実に巧みに構成され、地域の資源や課題を短時間に見える化し、やるべき取り組みを絞り込むところまで一気に進むことができます。

しかし具体的な計画を詰めたり、動きはじめた取組みを点検し改善していったりといった、その後に長く続く段階にこそワークショップを生かせないものでしょうか。というのもワークショップとは特別な非日常的な手段ではないはずだからです。第2節で確かめるように、ワークショップでもっとも大切なのは、私たち自身の暮らしに根ざした価値観を取り戻すことです。だとすれば、ワークショップもまた常日頃の寄合や会議に、場合によってはお茶っこや飲みの席に、ごく自然なかたちで埋め込めたとき真価を発揮します。そこで第Ⅲ章では、「普通の会議」をどうしたらワークショップに変えられるか、そう変えたときどんな地域づくりが展開しうるかをみなさんと確認します。

このような本書のねらいを簡単にまとめると**図2**のようになります。

小田切徳美氏が稲垣文彦氏の議論（注3）を敷衍して指摘するように（注4）、地域づくりはこの図のようにじっと横ばいの時期（立ち上げ期）が続き、ある時点から急にのびやかに展開してゆく（事業期）ことが多いです。稲垣氏はそのように横ばいの時期には、性急に事業化を図ろうとせず、じっくりと地域のみなさんの声に耳を傾ける「足し算の支援」が大切で、さらに事業が始まった後には専門的な知識を含む「かけ算の支援」が有効だと指摘しています。現在よく見られる地域づくりワークショップは、立ち上げ期から事業期への屈曲を作り出そうと、さまざまな工夫が凝らされています。これに対し私は、立ち上げ期には「足し算の支援」と照らし合うようなじっくりとした体験共有ワークショップがやはり大切だと学んできます。さらに屈曲点の仕掛けだけで終わるのでなく、事業期にも「かけ算の支援」に見合うワークショップがありうると実感しています。

（注2）山浦晴男『地域再生入門』筑摩書房、二〇一五年。
（注3）稲垣文彦ほか『震災復興が語る農山村再生』コモンズ、二〇一四年。
（注4）小田切徳美『農山村は消滅しない』岩波書店、二〇一四年。

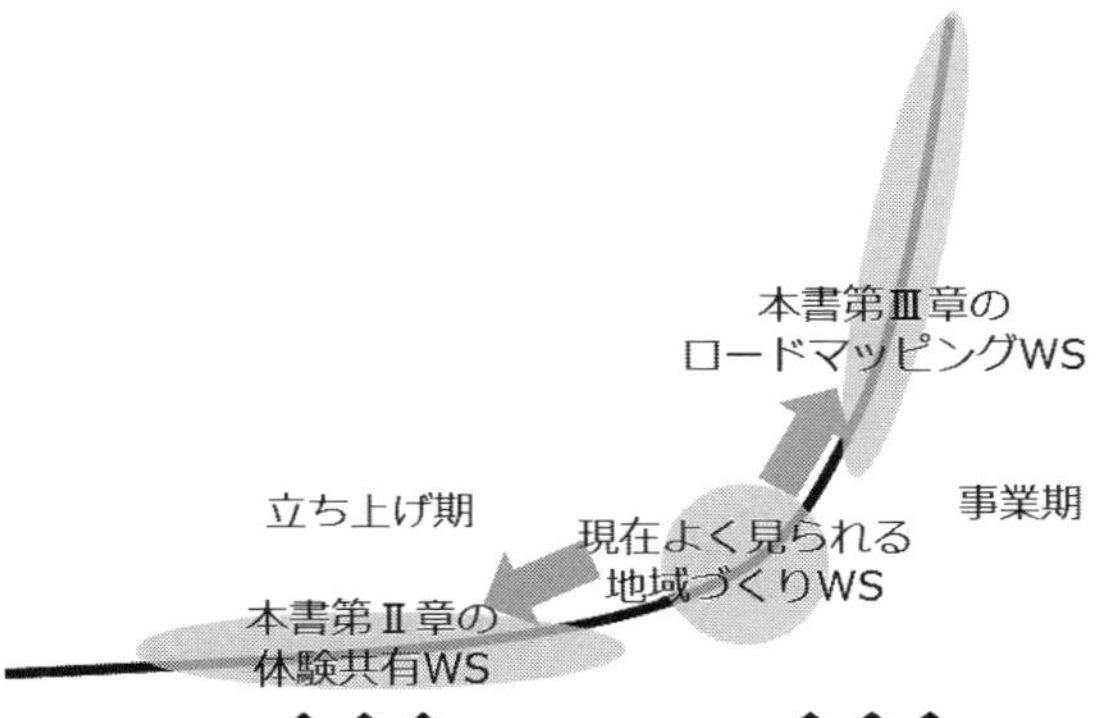

図2　地域づくりとワークショップの関係

2 ワークショップの原点

ではあらためて、八方塞がりの地域の状況を打開するのになぜワークショップが有効なのか、ワークショップの原点に立ち返って確かめてみましょう。

調べてみると、もともと「ワークショップ」とは英語で工場（こうば）、つまり「新しいモノを生み出す場」を意味していました。それが二〇世紀の初め、台本も配役もなしの即興劇を生み出す試みの意味で使われるようになりました。以来、演劇や人材育成、建築や地域計画、さらには組織の意思決定の現場まで、さまざまな場面で用いられています（注5）。初めの意味が「新しいモノを生み出す場」であったとしたら、この百年あまりの使われ方は「新しいモノゴトを生み出す場」へと、言うならばハードからソフトへと用途が広がってきました。

ワークショップという言葉そのものに拘るともう一つ大切な視点が見えてきます。「生み出す場」だけなら、英語には他にもファクトリーやプラントなどの言葉もあります。そのなかでワークショップに固有のらしさがあるとすれば、それは「手仕事」「手作り」「顔が見える」といった特徴です。日本語で言えば「工場（こうじょう）」ではなく「工場（こうば）」という訳語がふさわしいのも、だからです。「手仕事」という言葉に端的に表れているように、「作り手と使い手が互いに顔を見ながら」、同じモノでも「身の丈にあった」モノを「ていねい」に作り出していくことが、ワークショップでは大切にされてきました。

さらにひもといていくと、「モノを生み出す場」から「モノゴトを生み出す場」へと意味が広がったとき、いつでもどこでも受け入れられてきたわけではない事実にも気づかされます。日本に初めてワークショップが紹介されたのは、敗戦直後、アメリカの占領軍を通じてでした。当時は「墨塗り教科書」で知られているように、それまで正しいとされてきたことが否定され、まったく新しい価値観のもとで国づくり、地域づくり、人づくりをしていかなければならなくなりました。そこで占領軍はじめ、学校教育を担う教員たちの再訓練にワークショップの手法を持ち込みました。教員どうし互いに教師と子どもたち役になったり、指導職と一般職役になったりして、新しい学校現場でどうやって教育を進めていったらよいのか、何に気をつけなければならないのかを、手探りで発見してゆく研究集会がワークショップと呼ばれました(注6)。これまで頼りにしてきた価値観が揺らぎ、新しいやり方を自分たち自身で見つけていかねばならないとき、ワークショップが注目されたのです。

敗戦直後でもう一つ紹介したいことがあります。それは、アメリカ占領軍が持ち込んだワークショップは、農山漁村にも実はなじみがあることです。教育現場ではワークショップはすぐに「研究集会」という言葉に置き換えられてゆきました。さらに農山漁村では初めからワークショップという言葉は用いられず、「新生活運動」「生活改善運動」と紹介され定着していったのです(注7)。

考えてみれば「新生活運動」なども、それまでの価値観に頼らず、新しい家族のあり方、ムラのあり方を、住民自身で悩み、実践するものでした。特にその担い手が女性であったこと、さらに、試しにやってみる実証精神が大切にされていた点が注目されます。それまでの地域の価値観では、どうしても男尊女卑、長幼の序が重視され、若いお嫁さんが新しい行動の主体になることはほとんどありませんでした。しかも、何ごとも自分たちの目と手で再確認する実証精神は、「わかりきっていることを」「そんなことをして何になる」という年長の男性にしばしば見られる考え方とぶつかりがちで、

(注5) 西村佳哲『かかわり方の学び方』筑摩書房、二〇一四年。
(注6) 苅宿俊文ほか『まなびを学ぶ』東京大学出版会、二〇一二年。
(注7) 平井太郎「地域運営組織をいかに立ち上げるか」『ガバナンス』一八九号、二〇一七年。

否定されることも少なくありませんでした。そこに一石を投じたのが「新生活運動」以来の女性の活動でした。

なぜここで敗戦直後の「新生活運動」のことを紹介したのかと言えば、一つにはワークショップそのものが、すでに農山漁村を中心とするみなさん、あるいは先輩たちを通じて着実に積み重ねられてきた事実を想い出していただきたいからです。もう一つ、より重要なこととして、「新生活運動」のかたちだけでなく、その運動すなわちワークショップが広がっていった背景と、そこで大切にされていたことを想い出していただきたいのです。

まず背景として、それまでの価値観が根柢から揺らぎ、新しいモノの考え方や暮らしのあり方を一から考え直し、実践してゆかねばならなくなっていました。しかもそのような状態は現在の地域でも当てはまります。もはや国、県、市町村の政策、あるいは××連合会や××組合のような大きな組織の方針に従っていれば十分ではなくなっています。さらに、年長男性の××さんの仰るとおりに動いていて本当に大丈夫かと心配になるのは、地域だけでなく家族、会社やさまざまな組織でもしばしばです。そのなかでもう一度、何から始めればよいのかを、互いに理解しあい協力しあって見つけてゆこうとするのが、ワークショップに他なりません。

その際、これまでのワークショップで大切にされてきたことも想い出してみましょう(注8)。第一にワークショップが「工場（こうじょう）」ではなく「工場（こうば）」であるように、目線を低く保ち身近なところからモノゴトを生み出していく姿勢です。暮らしに軸足をおいたものさしづくり(注9)と言ってもいいでしょう。

第二に「新生活運動」が女性、特に若いお嫁さんを中心に進められてきたように、それまでの地域で周辺的な立ち位置であった方たちを先に立てること(注10)も重要です。従来の価値観が揺らいでいるのですから、地域の序列もこれまでとは違ったかたちに組み換えるところから出発するのは理に適っています。

第三に一つひとつ自分たちの目と手で確かめ、模索しつづけることを大切にするやり方です。まずはやってみて、失敗したら別の途を探しつづけることはたしかに大変です。しかし誰にも正解はわからないのですから、道を切り拓くには小さな実践の手応えを積み重ねていく他ありません。言うならば、私たち自身が納得して初めてそのやり方は正解となり、したがって地域の数だけ、実践の数だけ正解が生み出されます。

以上のような考え方をワークショップの現場にいかすとどのようになるのか具体的に確かめていきましょう。

（注8）宮内前掲書では、（一）現場の事実や生活者の実感から物事を見ようとすること、（二）誰がかかわるべきか、どのような価値観が重んじられるべきかに注意を払うこと、（三）試行錯誤と複数の目標が保証されていることの重要性が指摘されています。

（注9）小田切前掲書では「暮らしのものさしづくり」がこれからの地域づくりの三つの柱の第一に掲げられています。

（注10）ロバート・チェンバース『第三世界の農村開発』明石書店、一九九五年。同書では端的に「最も虐げられてきた人々を先に立てる」と述べられています。

Ⅱ　立ち上げ期のワークショップ：体験共有ワークショップ

1　暮らしの視点を体感する

みなさんの中には何か地域で活動を始めてみたい方も少なくないでしょう。県や市町村、公民館や学校、何らかの組合組織や連合組織の職員などの方にも、「地域や会員のみなさんに「地域資源」をいかした地域づくりを進めてほしい」という方も多いでしょう。そうしたとき講演会など以上に効果を発揮するのがワークショップです。私が実際に試しに取り組んだ例を紹介しましょう。

「歴史まちづくり」という言葉を聞いたことがあるでしょうか。二〇〇九年から全国で始まった取り組みで現在では六〇を超える市町村に広がっています。これは地域に伝えられてきた歴史的な趣きを、面的な広がりで守り育てていく市町村や民間の取組みを国が支援するもので、外国人観光客の受入拡大などを背景として注目されています。

特に興味深いのが、これまで「地域の歴史＝文化財」という私たち自身の固定観念に一石を投じている点です。というのも、「文化財」と日々の暮らしとのつながり、すなわち「歴史的な趣き」が息づいていないと、国は支援しないことになっているのです。この歴史まちづくりの条件は、広く「地域資源とは何なのか」、「地域の宝物とは誰がどう決めるのか」という問題、すなわち立ち上げ期の地域づくりワークショップの重要な論点に関わっています。

例を挙げましょう。三年前、私は歴史まちづくりを始めたいという福島県国見町から、地域の方向けの講演とその後続く計画策定への参画を求められました。国見町は宮城県との県境に位置し、阿武隈川の畔に水田やモモ、カキなどの畑が広がる田園です。東日本大震災で多くの家屋が損傷しただけでなく、福島原発事故の放射能汚染の被害が甚大で、そこから立ち直るためにもう一度原点を見直し、地域の歴史から未来の地域づくりを育んでいきたいというのです。私はその志に素朴に打たれ、まずは国見町に足を運びました。

町では鎌倉初期の奥州合戦跡が国指定史跡となっていたのですが、町が大切にしたいモモやカキなどの特産品の振興と古戦場とは容易に結びつけられず、担当者の方も悩んでいました。そこでまず担当者の方と実際に町を歩いてみました。ぶらぶら歩くうちに、あることに気づきました。乾いた白色の大谷《おおや》石のような石でできた蔵や建物が、そこかしこに残されているのです。たしかに石造りの蔵は町も注目しており、旧市街にある名望家の大きな蔵が震災で倒壊したのを、歴史まちづくりを通じ修復したいと考えてもいました。しかしその文化財になっている蔵だけでなく、大小さまざまな蔵、蔵ばかりでなく一般の住宅にも同じ石が用いられているのでした。「この石は地元のものですか？　石工さんとかいらっしゃらないのでしょうか？」と私は尋ねました。

するとこの石はかつて「国見石」と呼ばれた町の特産で、現在も数軒、石材店があるとのことでした。そこで急遽、最も経験豊かなIさんの工場（こうば）を訪問させていただきました。七〇歳を超えて現役のIさんは、急な訪問に驚いたようでしたが、国見石がどうしてこれほど活用されているのか、なぜ使われなくなってしまったのかを、実際の原石をはつる作業もやってみせながら説明くださいました。さらに、「こんなものも作ってたんだよ」と若い頃、高度成長期まで手がけていた手掘りの石竈も、工場の奥から引っ張りだしてくださったのです。

今度は古戦場に足を運びました。戦跡は阿武隈川畔から厚樫《あつかし》山という小高い丘の頂上にまで広がっています。奥州藤原氏は鎌倉幕府軍の襲来に備え、川岸から山頂までに延々と防塁を築いていたのです。防塁はその後も、低地では水田の畔や水路として用いられ、結果として現在までよくかたちを残しています。軍事用の施設がそのまま生業用に転用され、文化財は日々の営みとも意外にも直結しているのでした。

さらに丘陵部に足を伸ばすと、そこでの防塁は不思議な趣きを呈していました。薄茶色の大きな一枚岩のように見えるのです。しかも防塁のたもとにある掘割はむしろ沢というべきで、勢いよく水が流れ下っていました。さらに周辺には、切り出されてそのままの「国見石」がいくつも転がっていました。

つまりこういうことなのです。防塁が築かれた町の丘陵の多くは、その後国見石の石切場になっていました。手掘りで石竃が作れるように、国見石は割ることもへつることも容易な柔らかな石です。ですので防塁も石をわざわざ積むのでなく、一枚の石の斜面をそのまま削って高低差を付け仕立てられていたのです。低地部だけでなく丘陵部でも、文化財としての防塁と石をめぐるなりわいと暮らしとの、意外な結びつきが見出されました。

こうした見聞を得て臨んだ一週間後の講演会では、さっそくワークショップの形式を取り入れました。聴衆は百名ほど、年配の男性が多数を占め、完全にスクール形式で列をなして座られています。しかし、与えられた場がどんなにワークショップに不向きであっても、逆に不向きであるからこそ、もしその場の雰囲気自体をワークショップを通じて変えることができたらどんなにすばらしいことでしょう[注11]。ワークショップで大切なことは、その場を通じてどういう意識の転換があったかという体験性にあるからです。今回の講演会でもそう願って次のようなワークショップを行いました。

まずスライドを上映して、ひとしきり歴史まちづくりの趣旨を説明しました。その後、聴衆のみなさんに全員立っていただいたのです。そのうえで一週間前の私自身の発見を一つひとつクイズに仕立てたスライドを映していきました（**図1**）。まず国見石の石蔵を映し出し、みなさんがよく見る風景であることを確認したあと、こう問いかけました。「ところで、国見石工の草分けのIさんは、東北のどのあたりまでの石蔵を手がけたことがあるでしょうか?」。三つ選択肢を掲げ、一の方は右手、二の方は左手、三の方は両手と手揚げをしていただきました。そして次のスライドに移り正解を紹介して、不正解だった方には着席いただいたのです。このような問答を一〇問くりかえしてゆきました。

　結果はどうだったでしょう。一、二問ですでに正解者はまばらになり、八問目のところで全問正解者はいなくなりました。ここで紹介した内容はいずれも、国見石をめぐるなりわいの奥深さと、史跡との忘れがちな深い結びつきを再確認していただくものでした。その視点は歴史まちづくりを組み立て、進めていく際の基本的な出発点となるものです。それ以上に「地域資源」を捉え返すための大切な考え方に他なりません。

　そのことをまさに象徴するのが、前列に座っていた年長の男性からワークショップ終了直後に出た発言です。「先生、なんで国見石なんてどんでもいいものさ取り上げて、弁慶の旗掛け松さ、掘り下げねえんだ」。弁慶の旗掛け松は奥州合戦にちなむ旧跡で、町指定史跡にもなっています。そうなのです。私たちはついつい「地域資源」というと、たとえば公的機関に指定された「文化財」などを思い浮かべがちです。あるいはカキやモモといった特産品を連想してしまいます。

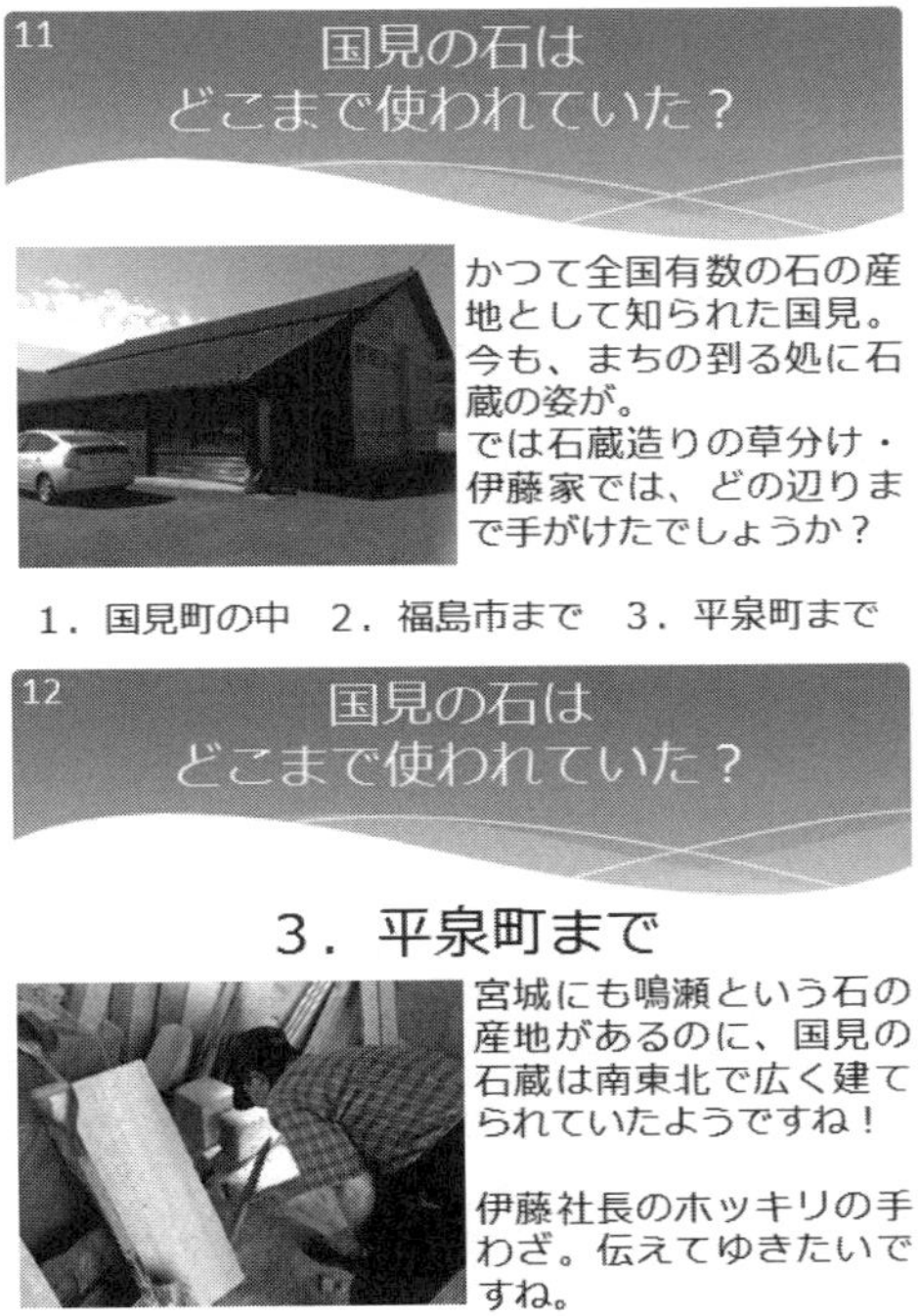

図1　『国見学のススメ』と題した講演のスライドの1コマ

（注11）ロバート・チェンバース『参加型ワークショップ入門』明石書店、二〇一四年。

しかし文化財として公認されたり市場で商品価値が与えられたりしていること以上に本質的なのは、文化財や特産品といったモノとともにある私たち自身の暮らしそのものです。

先ほどの年長の男性も、ワークショップで自分の頭だけでなく手足を動かす時間を過ごしたことで、少なくとも私が発した「暮らしの視点を大切に」というメッセージを身体的に直観したのでしょう。暮らしの視点を取るか取らないかが大きな分かれ道だとわかったからこそ、満座の前で私に再確認されたのです。

2　原点としての地元学

暮らしの視点を頭でなく体で再確認することの大切さを私が学んだのは「地元学」と呼ばれるワークショップを通じてです。「地元学」は九州の水俣で吉本哲郎氏(注12)が、また東北で結城登美雄氏(注13)が、それぞれ独自に編み出しました。

(1)　借り物でない言葉を生む共通体験

私は初め、吉本氏が提唱した「水のゆくえ」や「あるもの」を探しながら地域を実際に歩いてみて、実際に目にしたもの、耳にしたもの、あるいは肌や舌で感じたものを、模造紙のうえに描いた手書きの地図に落してゆくワークショップにふれました。それは私が生まれた神奈川県小田原市で二〇〇〇年に設立された政策総合研究所という取組みでした。そこでは、同じ政策課題を市役所職員と市民が、建築家や大学院生などの専門家の力を借りながらともに考え、解決してゆくことになっていました。私は社会学を学ぼうと大学院に進んだばかりで一市民として研究所に参加しました。集まった市民たちはそれまで地域づくりに関わってこられた方が多く、当初「実際に街を歩いてみましょう」という呼びかけに「今さら歩かなくてもよくわかっている」と反発されていました。しかし「わかっている」としていたのは、国見町の年長の男性と同じように、名所旧跡であったりよく知られた名産店などばかりだったのです。

街に出て歩きはじめたとき、私たちはある鰹節屋さんに衝撃を受けました。小田原に鰹節屋さんがあること自体、メンバーの誰も知りませんでした。吉本氏の言う「あるもの」探しのまさに典型的な発見です。

さらにその店構えが驚きでした。漁師町だった頃の路地に面する店は鰻の寝床のように奥に伸び、かつて魚が水揚げされていた浜まで続いていました。浜から直接、鰹などの原料を店の背後に揚げ、さばいて、蒸して、かびつけしと、生魚から鰹節になるまでの一連の工程が建物内に整然と並び、最後に売り場が準備されているのです。言うならば、一次産業から二次産業、三次産業が一つの店のなかに凝縮しており、まだ「六次産業」という言葉を知らなかった私たちは、「これが「なりわい」だ！」と直観的に概念化し、蒲鉾や梅干しなど小田原の町のさまざまな産業を貫くアイデンティティだと気づいてゆきました。

私たちが感動したのは、魚や果実といった命あるものの「ゆくえ」を実感し、ただ「特産品」という概念として捉えていたモノに、この土地に根ざした奥行きを体感できたからです。ワークショップで大切にしたいのは、このように概念としての「地域資源」を具体的な生きとし生けるモノとして納得し、語れるようになるための共通体験に他なりません。

そうした体験は、何より私たちを出迎え、店構えのあり方からさまざまな削り節の用途を一つひとつ味見させせながら

図２　鰹節屋さんの路地（撮影筆者）

（注12）吉本哲郎『地元学をはじめよう』岩波書店、二〇〇八年。
（注13）結城登美雄『地元学からの出発』農文協、二〇〇九年。

教えてくれる女将さんとのやり取りから生まれました。当時すでに八〇を過ぎていた女将さん自身、「うちは別に自慢するものはないから」と言いながら、一見の私たちが素朴な疑問を投げかけるたび、ごく当たり前のように削り節を食べさせ、工場（こうば）の様子を見せ、香りをかがせ、味わわせてくれたのです。百遍の言葉を費やすよりまず体験させる女将さんの自然なふるまいは、目線を低くする暮らしの視点そのものです。そうした共通体験を経て私たちに誰ともなくひらめかせた「なりわい」という言葉は、その後一五年にわたる運動の持続を支える、借り物でないビジョンになっています。

吉本氏の「地元学」では、撮影した写真を貼り合わせた地図を作ったり、とても魅力的な手書きのイラストマップを完成させたりと成果物もすばらしいものです。その成果物に魂が入るのは、現場に一緒に出て、地域に息づく暮らしの奥深さをめぐる感動を分かち合う経験を重ねることを通じ、叶うならば自分たちの共通の理念や目標を借り物でない言葉として獲得できたときでしょう。

（2）地元学と集落点検の出逢い

同じ頃、ある集まりで結城氏からお話を伺いました。私が鰹節屋さんから得た感動などを素朴にお話しすると、お母さんたちの「ふだん使いの食」、日常のおばんざいや漬け物、その源になっているヤシキバタやヤマのかけがえのなさを教えていただきました。一〇年あまり経った今、私はその教えを活用させていただいています。

たとえば青森県では、二〇一四年から県と市町村、弘前大学が協力して、農山村集落のみなさんと地域づくりにあらためて取り組みはじめています。そのなかで私が関わらせていただくことになったのが七戸町白石地区です。青森市から十和田市方面へ、八甲田山中をくりぬいて抜ける有料道路の十和田側の出口に位置し、山麓から平野に下りる際に初めて現れる山間集落です。約三〇年前の圃場整備以来、緩やかな水田が広がるようになりましたが、もとは牧野と畑地が主で出稼ぎも少なくありませんでした。

地区は散在する六集落、四五一人（二〇一六年）からなり、地区を学区とする小学校は一九八三年に閉校後、当時の天間林村の中央公民館分館として、地区内の六常会、子ども会、老人会など全ての組織が参加する審議会により運営されています。この分館の主事さんから、危うくなっている地区の伝統芸能の継承を軸とした、新たな地域づくりの相談を受けたのでした。

今回の地域づくりでは、まず大学を中心に県、市町村も手分けして、集落の一軒一軒を訪ねてお話を伺う「集落点検」を行うことにしています。総務省の手引きにしたがいつつ、今は外で暮らしているお子さんやお孫さん、きょうだいについてもお話を伺います(注14)。イエごと外で暮らしつつ、今も往来のある家族についても、事情をご存じの方からできるだけ情報を得るようにしています。

私の場合、ご迷惑であるのは承知しつつ、お茶のみや晩酌、小屋での作業の合間にお邪魔することも少なくありません。

図３　集落点検で訪ねた農作業小屋で加工品自慢の夫婦に出会う（撮影筆者）

（注14）徳野貞雄ほか『家族・集落・女性の底力』農文協、二〇一四年。同著などで紹介される「T型集落点検」では、集落のなるべく全世帯に集まっていただき、各世帯ごと集落外のどこに誰が出て何をしているかなどをその場で聞き出し共有したうえで、これから集落で何をしていくべきかを話し合うワークショップが行われます。

「これけへるか」「おいしそうですね」「かせへ」といった具合に、そのムラ、そのイエの奥深い食文化にふれることがしばしばです。「集落点検」の調査票を穴埋めする以上に、そうやってたまさか時と場をともにし、モノをいただき談笑できることが、次に続くワークショップの第一歩です。

(3)「資源」や「課題」探しでいいのか

ひととおり「集落点検」を終えると大学に戻り、集落ごとの人口の見通し（注15）や外に出ている方も含めた人口ピラミッドづくりだけでなく、五年、一〇年先まで集落において大切にしたいことなどをまとめワークショップに備えます。立ち上げ期のワークショップでは、地域のみなさんにとっての大切なものの再確認に比重を置きたいからです。

しばしば地域づくりワークショップでは、地域課題を探すことから始める場合があります。課題と資源をともに探すこともあるでしょう。付箋を使って「いいところ」「わるいところ」を出し合ったりする作業です。

どうしてもそこで脱け落ちると私が日頃感じているのが地域のみなさんの「主体性」です。理由は二つあります。一つは、国見町の例のように、たとえば「地域資源」と言われると、私たちはどうしても外部から認められていることに頼りがちになるからです。これは「資源」という言葉自体が地域にとっては借り物だからです。ワークショップで気を配りたいのは、「あるもの」「いいところ」などといったかたちで、どうしたら「資源」という言葉を使わずに、地域のみなさんがピンと来るものに「ずらし」ていくかです。私の場合、あれこれ考えず「大切にしたい」と直球勝負をしますが、いつもうまくいくわけもなく、「要するにこういうことです」とその場その場で言い換えています。

同じことは「課題」という言葉にも言えるでしょう。しかも、この「課題」探しから入ることこそ、地域のみなさんの「主体性」が損なわれる第二の原因です。「何かを大切にする」のであれば、もう地域のみなさん自身が直接その主体になります。しかし「課題を解決する」という場合、解決の主体に地域のみなさんがなりうるかどうか、一義的には言い切れないことがむしろ多いでしょう。

たとえば今、国全体の地方創生から集落での地域づくりまで、「人口減少」が解決すべき課題として何の疑問もなく設定されています。しかし集落、あるいは一つひとつの家族、あるいは一人ひとりが「人口減少」の解決の主体になるというのも乱暴な議論です。子どもを産むのは課題解決のためではもちろんありませんし、集落だけがどんなにがんばっても、それぞれの個人や家族の出逢い、折り合いがあって初めて展望が開けてきます。

さらに言えば「課題」探しから入ると、地域のみなさんが必要以上に「自分たちは課題をもった存在だ」と思い悩みがちです。目指すべき姿が、地域のみなさんの主体的な動きであり、誇りの回復であり、結果として地域が末永く持続していくことであるとすれば、逆バネに期待する迂回戦術はとらず、もっとシンプルに「大切にするものを大切にする」みなさんの動きを支える方が得策だと考えられるのです。

3　暮らしの視点を保ちつづける

話を白石地区のワークショップに戻しましょう。「集落点検」から三か月、農閑期に入り雪がちらつく前に、旧小学校＝公民館分館の五〇畳ほどの大広間をお借りし、集落のみなさんに集まっていただきました。集まったのは小学生を連れたお母さんたちから、伝統芸能を支える二〇人ほどのメンバー、さらに近所の男性に車を出すよう頼んで連れ立ってきたおばあちゃんたちまで、五〇人ほどでした。一緒に晩酌を傾けたお父さんや農作業小屋でにんにく味噌や漬け物を

（注15）藤山浩『田園回帰一％戦略』農文協、二〇一五年。

御馳走くださったお母さんの姿も見えました。

立ち上げ期のワークショップでは、まずできるだけたくさんの方にいらしていただきたいものです。区長さん、常会長さんはじめ地域の主立ちの方々に相談し、みなさんにお声かけいただくようお願いするのも大切です。より重要なのは、事前に一軒一軒伺い一緒に時間を過ごし、顔を憶えていただくことです。ただでさえカタカナ英語で伝わりにくいワークショップにではなく、「あ、あのとき、話っこしてた、あの人がやる何か」だと伝われば、みなさん関心を持っていらしていただけるでしょう。

(1) 脅かすのでなく分かち合う

ワークショップではまず、作成した人口の見通しやピラミッドを見ていただきました。それはみなさんを不安にさせ、危機感を持っていただくためではありません。たしかに人は減っているのですが、むしろ最近のそれぞれの家族における人の動きの意味を、あらためてみなさんと共有したかったのです。

一軒一軒訪ねてみると、「地域限定社員」(注16)制度を使って帰ってきた三〇代の女性とお茶が飲めました。町の拠点的な産直での直販が成功したり野菜の契約栽培が軌道に乗ったりした農家の茶の間や作業小屋では、妻と子とともに就農に帰ってきた三〇代の息子さんたちにも出逢えました。こうした例は、「地域限定社員」制度のように社会全体の働き方の変化、直販や契約栽培による所得向上・安定といった新しい農家経営のあり方とも響き合ったものです。

地域のみなさんは「どこそこで息子が帰ってきている」ことはもちろんご存知です。さらにそれがどういう事情によるもので、特に世の中の動きとつながっているかを実感いただきたかったのです。それで私は、「地域限定社員」を使って帰ってきた女性や就農してきた男性をみなさんの前で紹介し、少し挨拶してもらいました。

そのうえで「大切にしたいもの」を共有しました。集落に伝わる芸能をめぐってもぜひお伝えしたいやり取りが展開された(注17)のですが、ここでは「山の恵み」をめぐるやり取りを紹介します。「山の恵み」とは「集落点検」で何人かから耳にすることができた「大切にしたいもの」でした。山間集落ゆえ春の訪れの楽しみは山菜取りとともにあり、芽吹きの緩やかな分、里よりも長く初夏すぎまでくりかえし楽しめ、さらに足早にやってくる秋のきのこ採りも、コメやナガイモ、ゴボウの収穫の忙しさを忘れさせる、山ならではの暮らしなのだと繰り返しお聞きしていました。

(2) ふだんの食の暦づくり

そこでワークショップでは、みなさんと一緒に山菜ときのこの暦づくりを行うことにしました。公民館の壁に、模造紙を横長に何枚も広げてカレンダーに見立て、「お母さんはワラビは四月のいつから取りに行くの？　一週間くらい？」などと尋ねてゆきます。予め何枚も用意していたワラビやミズ、サモダシなどの写真パネル（普通A四用紙）にお母さんの名前を付箋に書いて貼り付け、模造紙に並べてゆきます。

それまで芸能の話で年長男性がじっくり言葉を選びながら出した「女衆がいたからこそやってこれたべし」という気遣いの言葉にも、じっと下を向いて耳を傾けるばかりだった女性たちが、徐々に身を乗り出し、座布団の上の足を崩して話しはじめます（**図4**）。私は山菜やきのこの見わけもつかない不粋な人間です。しかしそれが逆に「それは違う違う、

（注16）地域限定社員とは勤務地が限定され転勤の範囲が狭い正社員のことで、限定されない社員に比べ給与等の待遇が低く抑えられている場合があります。二〇一〇年代に入り大企業を中心に採用が広がり、現在の「働き方改革」のもと注目されています。

（注17）平井太郎「野の学問はいかにありうるか」『社会学年報』四六号、二〇一七年。

タラッポ」などというお母さんたちの声の呼び水となっていきました。

その「タラッポ（タラノメ）」の話からだったでしょうか、あるいは、今の山はクマが怖くて入って行かれない話からだったでしょうか、きのこに話が行き着かないうちに、ヤシキバタの話になっていったのでした。ヤシキバタとは住まいの敷地内の小さな畑で、四季折々さまざまな蔬菜が作られています。

結城氏もヤシキバタで作られる蔬菜の種類の豊かさに注意を促していました。しかも種類を数え上げるだけでなく暦として貼り出すことで、同じ蔬菜でも人によって栽培・収穫の時期が微妙にずれることがわかります。それにより、それら蔬菜を商品として産直を立ち上げようとするときにも、周囲の量販店や産直と差別化する商品戦略や収益の見通しを立てやすくなって、より立ち上がりがスムーズになるというのです。

図４　山菜暦（写真左奥）づくりの後、芸能披露で“寛ぐ”。どうしても女衆たちは下座に固まってしまう。（撮影筆者）

事実、白石地区でも、さまざまな葉物から始まってネギ、トマト、キュウリ、ダイコン、タマネギと話が尽きなくなりました。ふだんヤシキバタには立ち入らない男衆たちは、こういう世界もあったのかという面持ちで話を聞いています。「これは誰が食べるの？」「産直で売ってるの？」などと私の方では徐々に産直の立ち上げへと話を振り向けてゆきました。

と、話題が「キミ」、すなわちトウモロコシになったとき、あるお母さんの一言にみな考えさせられました。「キミは売り物じゃない」。お母さんが言うには、キミはお茶っこをするときのお茶請けで、キミがないとお茶っこに人を呼べないのだと。「んだな」。みな頷いているとき、別のお母さんがまたぼつっと言いました。「昔の白いキミ、種ねえんだべか、みなどうしてるんだか」。今、一般に売られているキミの種はスイートコーンに類するものが多く、甘くておいしいが、昔風のぼそぼそとした歯ごたえのあるキミが懐かしいというのです。「どうなんですかね。誰か先生呼んで聞いてみましょうかね」。「んだなぁ」。これがきっかけで、半年後の産直開設につながる勉強会「山の恵み部会」が始まったのでした。

（3）成果物以上に大切なもの

このエピソードからお伝えしたいことは二つあります。一つは、山菜やきのこの暦を完成させること以上に、地域のみなさんの関心の赴くままに話をしていただくことの大切さです。このワークショップではきのこにまで話は行き着かずに終わりましたし、その後も何度かワークショップを開きましたが、結局まだきのこ暦は完成していません。しかし大切なことは、地域のみなさんが何を本当に大切にしているのかを分かち合い、結果として新たな共同活動にむけた一歩が踏み出せるかどうかです。

このワークショップでは別の道筋もありえました。私たち大学や行政側では、「集落点検」から「山の恵み」という言葉を引き出せたことから、暦を作って産直立上げに結びつけられるのではないかと予め考えていたのです。しかも地区独自の産直立上げは、年間二〇〇万円の売上を課す町の拠点産直の参入障壁の高さを補い、自家所有地を大規模農家に貸してその下で手間取りをする集落のみなさんの追加所得にもつながり、さらには「山の恵み」は拠点都市（青森市－十和田市－八戸市）を行き交う通過交通の人びとに高く評価される見通しにも支えられていました。

ですので場合によっては、初めからそうした「資源」「課題」が浮かび上がるように、ワークショップを仕立てることもできました。つまり「課題」探しから入って、「産直参入障壁の高さ」や「所得の低さ」、「通過交通がいかせていないこと」などを発言してもらって、じゃあ「山の恵み」をいかしましょうと「資源活用」のストーリーでワークショップを展開することもできたのです。

これに対し今回のように体験の共有を重視すると、「山の恵み」がなぜ大切なのかがより具体的に共有しなおされます。所得向上のためという以上に、家族や近所、手伝いの人たちや遠来の客人とのコミュニケーションに欠かせない点で大切なものという具合です。その内実が再確認されたからこそ、そうしたコミュニケーションを紡ぐのに失われてしまった大切な味をもう一度みんなで追求する目標が共有されたのです。

結果としてその後、「せっかくこれだけ勉強したのだから」とか「知らないお客さんにも食べてもらうべし」といった声が自然発生的に出て産直立上げに向かっていくわけですが、同じ産直でも初めから所得向上を掲げた場合とそうでない場合とでは、地域のみなさんの文字通り「主体性」がまったく違います。事実、産直立上げの際、何度も「誰がやるの？」という問いかけが繰り返されました。それがうまくみなさんに響いたのも、入口で自分たちなりの方向性が共有されていたからでしょう(注18)。

もう一つは、今から振り返れば、もっとこうしたらよかったのにという反省がつきものなことです。読者のみなさんもきっと「自分だったら」とあれこれお考えになったでしょう。立ち上げ期のワークショップで大切にすべき「体験を共有する」点から言えば、暦をつくるとき、予めお母さんたちにお願いして漬物などを持ち寄っていただいて、実際に食べながらお話した方がもっと盛り上がります（図5）。正直にお話すれば白石地区では、私はまだそういうお願いができるだけの信頼関係を築けていたか自信がなかったのです。事実、その後のワークショップでは、誰いうとなく手作りの漬物や味噌などを持ち寄って、「これどうやって作るの」などと盛り上がってゆきました。

さらに暦をつくる前と後に、実際に山に足を運んでみてその場でワークショップを開いたり、写真を撮ってきて一緒に見ながら話をしたりするのもよいでしょう。省きましたが、白石地区の最初のワークショップでは、国土地理院から四〇年前の集落の航空写真を拝借して大展ばしにし、どこでどんな山菜を取ってきているのかなど見ながら話をしてもらってもいました。そういう写真があったから、山だけでなくヤシキバタの話になってしまったのかも知れません。

しかし、それでいいのです。ワークショップに完成形やフォーマットなどありません。あとから反省し、やり直したり、その場その場で模索していればいいのです。「それでまとまるのだろうか」と不安な声もよく耳にします。しかしなぜ不安になるのでしょう。不安になるのは、予めここを落としどころにしようとか、こういう方向に持っていきたい達成目標があるからです。暮らしの視点を保ち、地域のみなさんに教えていただきながら、ともに野山の様子やその恵みの味わいを想像し、その体験をたしかに共有していけば、きっと向かうべきところに向かいます。それが顔と顔の見える場づくりとしてのワークショップの醍醐味です。

図５　料理づくりも重要な体験共有ワークショップの１つ。見習い的に立ち働く男性や役場職員と対照的に満足気なお母さん。（撮影筆者）

（注18）プロジェクトの詳細については、弘前大学地域社会研究会『地域社会研究』第九号、第十号を参照いただきたい。プロジェクトの展開は、同大客員研究員竹ヶ原公氏と下田雄次氏の尽力によっています。

Ⅲ　事業期のワークショップ：ＫＪ法とロードマッピング

１　ＫＪ法再考

さて第Ⅱ章のワークショップでは、立ち上げ期と言いながら、すでに具体的な事業化が視野に入っており、実際、その冬のうちから二つのプロジェクトが動き出しました。このように立ち上げ期と事業期のワークショップは、現実には敷居なくつながってゆく場合もあります。むしろ多くのワークショップでは、できるだけたくさんのアイデアを出し合い、それを議論や投票などで絞り込み、地域のみなさんが共同で取り組む新たな活動の方針を導き出すものが少なくありません。

その際しばしば用いられるのがＫＪ法です（注19）。ＫＪ法は渾然とした着想や発見をできるかぎり言葉にしたうえで、その含意を論理的に体系化するための手法です。専門的な研究に資するものとして出発し、次第に組織やグループにおける理解の共有や合意形成に応用されてゆきました。

（1）そもそもなぜ付箋を使うのか

しかしそもそもなぜ、一々考えていることを付箋に書き付け、模造紙に並べたりするのでしょうか。私自身悩みます。小さい付箋にどれくらいの大きさ、太さの字で書いたらよいのでしょう。考えていることを書き出せと言われるがたくさんあるし、小さな付箋では書ききれません。他の人には説明が必要でしょう。

さらに、私がファシリテーターと呼ばれる進行役であるときにはこんな悩みがあります。最初みなさんは付箋に書いてくれるが、実際に話しはじめると途端に書かなくなります。いいことをおっしゃっているのに！　付箋に向かっている様子をうかがっていると、ケータイで漢字を調べはじめ、ちっとも筆が進まず、面倒くさがっているようです。

こんな苦労をしてまで付箋に書き留める意味はあるのでしょうか。しかも書いた付箋は、書いた身からするとニュアンスの違う別の付箋とまとめて一括りにされてしまうし、果ては投票などされて不採用になってしまうこともあります。

私は年に五〇回とワークショップを重ねるうちに、こう考えるようになっています。まず付箋に考えや発言を書き留めるのは「記録」の意味合いがあると。ふだん地域の寄り合いをしていても、よく憶えていないが誰かがすごくいいことを言っていたとか、何かの発言から寄り合いが紛糾し収拾がつかなくなったがよく思い出せない、といったことがないでしょうか。これでは貴重なアイデアが埋もれてしまいますし失敗も繰り返します。だからこそ、ちょっとした考えや発言でも付箋に書き留め、後から思い返したり、立ち戻って議論を始めたいのです。

その意味で付箋に書くのは、後から思い出すための目印で、ものすごく詳しく書く必要はありません。逆に、付箋は考えや発言の一つの単位ですから、一枚にたくさんのことを盛り込まず、惜しまずに一枚に一つずつ書いていった方が、後から使い勝手がよくなります。

さらに私が進行役を務める場合、みなさんの発言を私自身が積極的に書き留めています。漢字が思い出せないから書かないのはあまりにもったいないですし、私たちはふだん、自分の考えていることを一々書き起こしたりしません。だからこそ書いてもらう、書いてもらうことで責任を持ってもらうという見解もありますが、責任を持ってもらうやり方

（注19）川喜多二郎『KJ法』中央公論社、一九八六年。

は他にもあります。一方、発言を記録するには録音などしておく以外、付箋に書き留めるしかありません。

付箋に考えや発言を書いてもらうのにはもう一つ重要な意味があることも気づかされました。それは発言者の地位の高い低いや声の大小などが、付箋のかたちになれば見えなくなる効果です。どんなに偉い方でも一つの考えは一枚の付箋です。声だけで議論をしていると、どうしても声の大きい方、理路整然と話せる方の意見に耳が傾きがちです。そうなってしまってはワークショップの意味がありません。

大きな声、理知的な話は、ワークショップで大切にすべき目線の低さや周辺に追いやられがちな価値観とは折り合いが悪い場合が少なくありません。だからこそ私は、声の小さい方のつぶやきやその地域地域の言い回しや言葉を、積極的に付箋に書き留めます。「そんなことまで書くんですか？」と言われたら進行役冥利に尽きます。「そんなことまで書くんなら、もうしゃべらない」という方もいらっしゃいます。その発言が隠すことこそ本音であり、ワークショップを盛り上げる鉱脈のありかを知らずしらずに教えてくださっていることにも気づかされました。

(2)「まとめる」より「組み合わせる」

ＫＪ法の本領が発揮されるのは、付箋どうしのつながりを目に見えるように整理してゆく段階です。しばしば似ている考えや発言の付箋を互いに近づけ、場合によっては重ねたり円で囲んだりし、そのまとまりに新たな見出しを付けて……といった作業が行われます。ここで重要なのは「まとめること」以上に「まとめ方」です。私たちはどうしても、まとめた「結果」にすぎない模造紙の見やすさ、わかりやすさ、切れ味のよさに目が行きがちです。しかしワークショップ後の地域づくりを左右するのは、まとめに向けて同じ時と場を過ごしながら頭をひねった体験です。

先日、あるワークショップでこんな場面がありました。一回目のアイデア出しはすでに行われ、市役所職員がＫＪ法でまとめたという図解ができていました。近くにある市立の公衆浴場で住民のみなさんがやってみたいアイデアがまとめられていたのです。市としては設計の都合もあり、もう一回、住民のみなさんに集まっていただいて、まとめを受け市役所で検討した間取り案を選んでもらいたい、ついてはそのワークショップの進行役をお願いしたいというのでした。

正直、私は市役所による図解がよく理解できませんでした。しかも検討の結果、ほとんどのアイデアには答えられない間取り案になっており、このままでは誰も担い手にならない公衆浴場ができてしまうと不安になりました。そこでもう一回、住民のみなさんにアイデアの真意を聞かせてもらえないかと頼み、ワークショップに臨みました。

「真意」といったのは、市役所の方で作成した図解に、たとえば「一般的な食堂」という見出しがあったからです。「普通の食堂」、「定食屋」、あるいは「観光客向けでない食堂」のことか。そんなことを考え「この「一般的な食堂」と言った方はどなたですか～」と会場に集まったみなさんに問いかけました。会場はやはり公民館の五〇畳ほどの和室で、座布団がけした地域の方たちが四〇人ほど集まっていました。しばらく沈黙が流れました。「蕎麦屋のことだべか」。「カレーが食いたいといったあれだべか」。こういうことがしばしば見られるのです。

今回のワークショップでは、まともなキッチンのない現在の公衆浴場の改修計画を作るのに、地域のみなさんのやりたいことをお聞きしているわけです。ですので「カレー屋」と「蕎麦屋」を「一般的な食堂」で一括りにしては、どちらの目的にも使いにくい中途半端な厨房になります。しかも「一般的な食堂」と見出しづけしたために、設計上の問題よりも、隣にラーメン屋が、向かいに猪肉を売りにする道の駅の食堂があるため、市役所は「一般的な食堂」に対応不可という検討結果を導き出していました。

これが「蕎麦屋」だったらどうでしょう。隣のラーメン屋も道の駅の食堂も、蕎麦は出していません。そうした競合への配慮から不採用になることもなく、むしろ蕎麦屋に適した厨房の設計が行われるべきでした。そのうえ今回出すべきは、誰かがやるのを自分が楽しむのではなく、自分がやってみんなで楽しむアイデアでした。そこで「カレーが食いたい」という声は取り下げてもらい、村の蕎麦粉を使って蕎麦を打ちたいという別のお父さんの声のみ残させてもらいました。

そうなれば見出しも「一般的な食堂」からたとえば「村の蕎麦屋」に変えた方がしっくりきます。すると元の図解で「郷土料理の提供（郷土料理教室）」という見出しに一括りにされていた、別のお母さんによるおばんざいのふるまいというアイデアが組合せ可能に見えてきました。

このエピソードを通じて言いたいことは二つあります。一つは、付箋はまとめず、組み合わせた方がいいということです（**図1**）。蕎麦とカレーで「一般的な食堂」とするよりも、蕎麦とおばんざいで「村の蕎麦屋」とした方が、誰が何をやるべきか、そのためには何が必要なのかが明確になります。

ここで飲食店と郷土料理教室を分けるのは、私たちが長年慣れ親しんだ縦割り化した社会制度に従う考え方です。特に行政職員の方たちは、法制度に従って仕事が割り振られ、それに合わせて社会の現実を見がちですし、社会の現実の方も制度に合わせて縦割り化してきています。しかしちょっと視野を広げれば、料理教室を開いている農家レストランはいくらでもあります。付箋どうしを簡単にまとめることができた瞬間が落とし穴です。簡単だということは長年の制度的な習慣に思わず従ってしまった証です。反対に、付箋と付箋を組み合わせてみたら「おい、そのまとめ方でいいのか？」と誰かが注意してきたら、

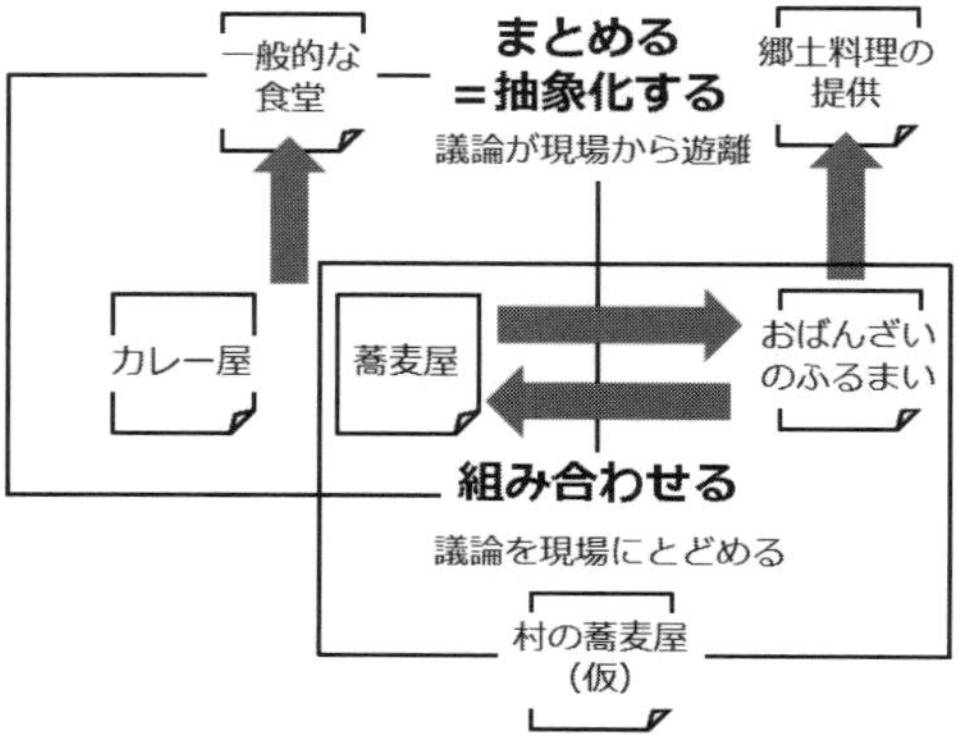

図１　「まとめる」と「組み合わせる」

そこにこそワークショップが盛り上がる端緒があります。

もう一つ、その場の空気をできるだけ生のまま伝える見出しを付けたいです。「一般的な食堂」という見出しは、どんな議論がなされたのか想像しづらく、議論を誤った方向に導きがちです。「村の蕎麦屋」もあまり良い見出しとは言えません。白石地区の「山の恵み」、小田原の「なりわい」、国見町の「国見石」のように、その土地の人ならばわかる独特な響きの見出しを見つけたいものです。ＫＪ法でもその感覚を「土の香りがする見出し」と言って大事にしていました。第Ⅰ章の表現を使えば「借り物でない言葉」が自ずと浮かび上がってくるかが、地域のみなさんと進行役の真剣勝負であり、一期一会の出逢いです。

2　会議をワークショップに変える

付箋を使ったワークショップは、ここまで紹介してきた「アイデア出し（ブレインストーミング）」だけではありません。「ロードマッピング（工程表づくり）」と呼ばれるものもあります(注20)。ロードマッピングとは、これまで行ってきた事業の成果が何だったのかを関係者それぞれの視点から振り返ったうえで、その成果と最終的な目標との間を埋めるように、次にどのような取組みが必要かを議論していくワークショップです。

(1)　モノゴトを時間に沿って、複眼的に捉える

「ロードマップ（工程表）」と呼ばず「ロードマッピング（工程表づくり）」と呼んでいるのには理由があります。整理

（注20）田口太郎「地域サポート人材の研修プログラムの構築」『農村計画学会誌』第三二巻第二号、二〇一三年。以下、紹介するのは、田口氏が提唱・実践されている「ロードマップ」を元に筆者なりに工夫を重ねた「ロードマッピング」です。

整頓された工程表という「モノ」以上に大切なのが、考え方の異なる関係者が事業の成果や次の取組みについて意見をぶつけ合い、あらためて目標を共有する「コト」だからです。それで「ロードマップ」という成果物（モノ）ではなく「ロードマッピング」というやり取り（モノゴト）を名称に掲げています。

目的は二つあります。第一は地域づくりの取組みに時間軸を導入することです。これまでの地域づくりでは、あまり時間が意識されていません。しばしば耳にするのは「いろんなことをやってきた」、「あれはいつだったか」といったつぶやきです。私自身を含めて、日常生活での時間の意識とはそんなものです。しかしそれでは、これまでの積み重ねを十分には生かせませんし、元の失敗を繰り返すことにもなりかねません。

さらに、いつ頃までに、こんなふうでありたいという時間的な区切りの意識も大切です。地域の日常は年々歳々の繰り返しですが、これだけ社会全体の変化が急ですと、同じことを繰り返していくことすらままならないのも現実です。五年前まで当たり前にやっていた道普請やお祭りが、たった五年でできなくなってしまうことも間々あります。その意味では「五年後も道普請が今までどおり続けられること」も立派な目標です。そのためには何をしていかなければならないかをロードマッピングで考えたらよいのです。

もう一つの目的は、同じ事柄に対しても関係者の間で見方が異なることをはっきりさせて、そのうえで理解や目標を共有していくことです。まず「成果」も、「何をやったか（アウトプット）」だけでなく、「その結果どういうことになったのか（アウトカム）」を考えてみましょう。すると見解が分かれてくるのが「その結果どういうことになったのか」に対する考え方です。たとえば「産直を立ち上げた」ことを、「年間××円の収入が得られた」と評価する行政職員もいれば、「見知らぬ人から「また今度来ますね」と言われ嬉しかった」ことを強調するお母さんもいるでしょう。「忙しくなって困った」と負の成果を指摘する方がいてもおかしくありません。「××円の収入」にしても、「バス代が心配でなかなか行かれなかったお父さんの見舞に、気兼ねなく行かれるようになった」というお母さんもいれば、「子ども会に寄付できたのが良かった」というお父さんもいるでしょう。

こうした関係者それぞれに異なる捉え方を共有したうえで、次の展開を一緒に考えていけば、「こんなはずではなかった」といった違和感や脱落者を生むことなく、共通の目標に向かって歩んでいくことができます。

（2）付箋に書き出し、時間軸に沿って並べる

手順としてはまず模造紙を横長に広げます（図2）。とりあえず左から右へ時間が流れていくことを示す矢印を引きます。矢印には「現在」「一年後」「平成三〇年」などといった目盛を振っていきますが、等間隔に振る必要はありませんし、後から目盛の位置をずらせるよう付箋に書いて貼り付けておくと便利です。

次に振り返りです。今は五色セットの付箋が普及しているので付箋の色を使い分けてもよいです。まず青色付箋にこれまでの取組みを思いつくだけ書き出し合います。書き出したら、それがいつ行われたものなのか、目盛と照らし合わせながら矢印の近くに貼り付けていきます。次に赤色の付箋にその取り組みの成果を書き出し合います。当然、良い成果ばかりでなく、負の成果や残された課題なども「成果」の一つです。それら成果の赤色付箋は、

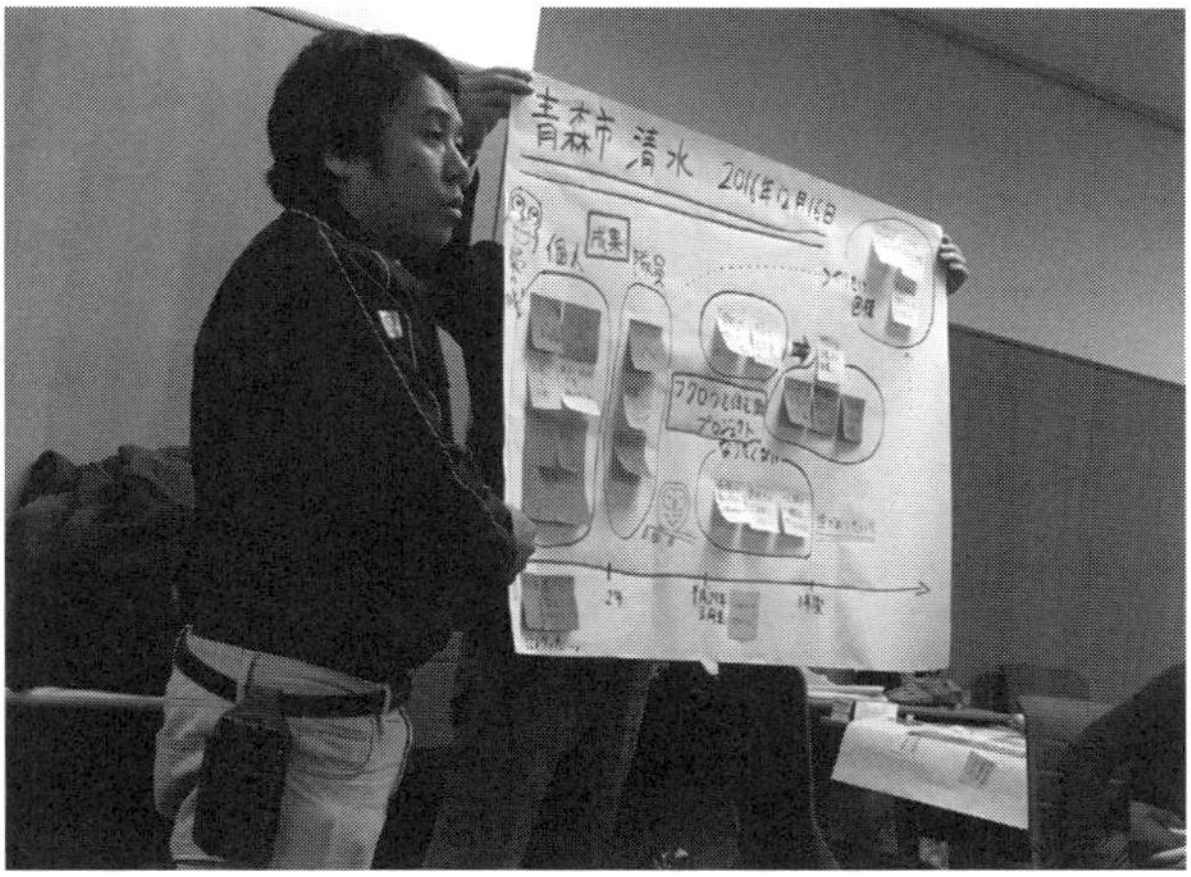

図2　とても簡潔なロードマッピング。青森市地域おこし協力隊だった清水輝之氏。実績と目標が回を重ねるごとに整理され、見事、起業、定住を果たした。（撮影筆者　於弘前大学地域おこし協力隊研修会）

取組み自体の青色付箋の上隣りや右上隣りに貼り付けていきます。

これだけでかなりごちゃごちゃしはじめます。ある取組みが、先行する別の取組みの成果と結びついているものであれば、その成果の付箋の上隣りか右隣りに、その取組みの付箋を移していくなどすると、少しずつ取組み間のつながりが見えてきて整理されます。

次に目標の共有です。最初に何年後の目標を書くのか決めましょう。そのうえで、五色セットのうち、緑色の付箋に、ある年まで、たとえば五年後までに今、取り組んでいるものがどうなっていたいのかという目標を書き出します。さらに、黄色の付箋に、同じ年までに地域として、集落としてどうなっていたいかを書き出します。

初めに整理した取組みと成果のつながりが、おおむね一本の線で描かれるような場合は、模造紙の右上の方に、目標の付箋を取組みを左に、地域を右に並べていけばよいでしょう。取組みと成果のつながりがたくさんの線に分かれている場合には、模造紙の右端を広く使って、地域の目標は模造紙の右端真ん中に、取組みの目標はその左側に上から下へ並べていくかたちになります。付箋を出し合ってみて、たとえば「収入××円」の数字が関係者によって異なっている場合があるでしょう。そのときは「どうなんだろう」と率直に意見交換して、なるべく目標を共有するようにしましょう。

最後に今後の取組みの組立てです。今しがた共有した目標と、現在までの成果を突き合わせ、その隔たりをどのような取組みの積み重ねで埋めていくのか考え、青色付箋を使って書き出し合います。丁寧に進めるなら、その成果も赤色付箋に書き出し合います。次の取組み、次の成果、その次の取組み、その次の成果といった具合に積み重ね、目標に到達するまで作業を続けます。

五色セットの付箋には、あとオレンジ色が残っています。このオレンジ色はメモ書きとして使います。最初の時間軸の目盛に使ってもよいですし、ある年に大きな節目がもう決まっている場合はオレンジ色付箋に書き出して貼っておくとよいでしょう。たとえば先の公衆浴場の例では、二〇一七年一二月にリニューアルオープンが決まっていて、逆算して五月が実施設計完了になっていました。このような節目を意識することで取組みの組み立て方が変わってきます。ちなみにこの例では、あまりにも残された時間がないと指摘し、オープンを一八年三月に、設計完了を一七年八月に後ろ倒ししていただきました。

オレンジ色の付箋には別な使い方もあります。ある人が付箋を書き出していっている途中で、それを見ていた周りの関係者や進行役が「もう少し詳しく」とか「××といった見方はできないの？」「最大の成果では？」などといったコメントを、対象となる付箋の左隣などに貼り付けてゆきます。そうすると、付箋を書き出す作業をそれほど中断させずにコメントを残すことができ、作業が一段落した後で議論を深めることができます。

(3) 青森で進む「つながりの場」づくり

以下、私がこの数年、経験してきたロードマッピングを紹介します。それは青森県が進める農山漁村「地域経営」事業で各市町村に設けられたマネジメント部会においてのものです。

この事業は二〇一二年度から始まったもので、農山漁村地域を一つの経営体と見なし、次の世代に引き継いでゆくのに必要な取組みを県が支援しています。特徴的なことに、さまざまな立場の農家や農協職員、県の農業普及指導員、市町村のさまざまな事業の担当者、場合によっては農産物の加工販売を手がける業者、一般の消費者も加わって「マネジメント部会」と呼ばれる「つながりの場」が設けられています。原則、このマネジメント部会での議論を経て各市町村が取組みをまとめ県に申請、審査のうえ採択された取組みに各市町村ごと年間二〇〇万円を上限に支援がなされます。機械や設備の購入などには充てられませんが、研修会の開催や試作品の制作、需要地への販売活動など幅広い取り組みに支援がなされてきました。

たしかに「農山漁村地域」の範囲が集落から市町村まで重層化し、どう整合させるかという根本的な課題は残されています。しかし私は、(一) 農家を中心に当事者が話し合い、ものごとを決める場が設けられ、しかも (二) その場が、必ずしも組織の長ではない若手農家や女性たち、農業と密接に関わる農家ではない方たちにも開かれている点に注目してきました。この「つながりの場」がうまく機能すれば、これからの地域づくりにあらためて求められている、地域のみなさんの「主体性」が確保されると考えたからです。さらに、これまで重視されてこなかった女性や若者、広い意味での「よそ者/部外者」の尊重も可能になります。しかも、五年間という一定の時間的な余裕も与えられ、その間でさまざまな試行錯誤がなしうると考えたのです。

ところが、すでにお気づきの方もいらっしゃるように、マネジメント部会は想定どおりになかなか機能しませんでした。最大の原因は、従来の協議組織と同じように、市町村が事務局を務めていたことから、事務局案を部会で追認する会議方式がとられていたことです。さらに言えば、そのような会議の進め方に異議を唱え、実際に進め方を修正できる第三者の存在も確保されていませんでした。

そこで私は、マネジメント部会での会議に必ず第三者としての進行役(ファシリテーター)の採用を義務づけてはと県に提案し、二〇一四年度から条件づけられることになりました。それ以降、私自身、県内四〇市町村のうち、一四市町村のマネジメント部会にのべ四〇回にわたって進行役として参加させていただいています。

私はそうして伺ったマネジメント部会の「普通の会議」を、そのままロードマッピングへと転換してゆきました。つまり、参加者のみなさんからこれまでの成果をお聞きし、残された期間内までにどこまで展開させてゆくかを確認したうえで、次にやるべきは何かを決定してゆきます。そのように「普通の会議」の進め方にワークショップを導入することで、本来、マネジメント部会で行われるべき議論を生み出し、ものごとを決めるようにお手伝いしてきました。

ここで疑問に思われた方もいらっしゃるかもしれません。「会議」と「ワークショップ」とは根本的に異なっていると。そうでしょうか。

「会議」とは、さまざまな立場の異なる方たちが集まって、共通の議題すなわち目標のもとに議論を重ね、何ごとかを決めていく場です。これに対して「ワークショップ」には、図解された模造紙、地図、模型など何らかの成果物が生み出されるイメージがあります。しかし最初にふれたように、ワークショップの意味が広げられたとき大事になったのは、生み出されるのがモノからモノゴトへと広がった点です。劇にせよ教育プログラムにせよ、人と人が関わり合うモノゴト、言い換えれば実践が生み出されるのがワークショップという場です。実践につながる決定や計画が生まれる点では「会議」はむしろ「ワークショップ」と相性がよいのです。

さらに言えば、みなさんの地域でも何かと「会議」が開かれているでしょう。近年、ワークショップが地域づくりで活用されると、どうしても既存の「会議」とは別に、あらためて集まる場が設けられがちです。そこで活用されているワークショップの目的が、事業のアイデア出しや事業計画の策定であるなら、むしろ「会議」と一体化した方が手間がかかりません。できるだけ多くの「会議」がワークショップとして運営されるようになれば、ものごとの決まり方ががらりと変わり、地域づくりの主体性をめぐる悩みも根本的に改善されます。

3　振り返りが価値の置きどころを変え、未来を映し出す

マネジメント部会に伺うと私は、何枚かの模造紙を敷いたテーブルを参加者全員で囲みましょうと呼びかけます。会議の参加者は一〇名前後であることが多いです。私自身は二〇名程度までなら全員でテーブルを囲んでも、どの参加者

も何も発言せずに帰ることはないと考えています。一四年度の夏、マネジメント部会の会議をロードマッピングに転換する経験がそれほど積めていなかった頃のことです。ある町の部会終了後、りんご防除組合の組合長さんからこう声をかけられました。「今日の会議は良かったなあ。寝てられなかったもんなあ」と。今でも最大の褒め言葉です。

ワークショップではまず、参加者のみなさんから互いの自己紹介をしていただきます。どこでどんな経営をしている方で、年はいくつで農業やって何年目で、おおむね三年先はこんな経営をしていたいし、集落はこんなふうになっていてほしい、さらに、そのための一番の障害はこれこれだ、と手短に話していただきます。それを事細かに付箋に書き取って、適宜、模造紙のうえに配置してゆくのが、進行役としての私の役割です。

農家のみなさんは初対面の相手や大人数の前ではあまり話したがりません。しかも私など青臭い若造がやってきて何しでかすんだというのが本音でしょう。そうした無言の圧力を受け止めながら、「そうなんですか！　すごいですね～」「××はやってないんですか？」など合いの手を入れながら、少しでも後の議論の手がかりを引き出してゆきます。

こうした互いの自己紹介を経て、これまでの取組みを振り返っていただいたうえで、残された期間内での目標を再確認し、それに向けた取り組みをあれこれ詰めてゆくことになります。具体的な例を紹介しましょう。

(1) サルに負けない

青森県の下北半島の西海岸に佐井村という村が広がっています。地勢は山がちで、南北に四〇キロメートルほど伸びる海岸に七つの浦が点在し二千人あまりが暮らしています。ここでの「地域経営」では、アピオスと呼ばれるアメリカ原産のホドイモの生産振興が、県の農業普及振興室の指導のもと図られていました。実際一五年一月に開かれたマネジメント部会を訪れてみると、佐井村アピオス振興協議会の六名のほか、地元の産直の代表者や漁協の担当者が山村開発センター内の和室に集まり、収穫されたアピオスを持ち寄って、事業を通じて導入された簡易糖度センサーで自分の糖度を確かめるワークショップを開いていました。しかし話されるのは糖度が高い低いということばかりで後が続きません。村の担当者からは新しい加工品を試作する計画が披露され、「いいんでねえべか」とメンバーが頷きあって終わりかけます。

私は「ちょっとよろしいですか」と尋ねながら、これまでの取組みを振り返るべく古い黒板に模造紙を貼り付け、長座卓に座るみなさんからお話を聞いていきました。会員がアピオス栽培に取り組みはじめたのは、「地域経営」が始まって村から声をかけられてからでした。今年が栽培三年目に当たり、ようやく要領がつかめてきたというのです。

細かな栽培ノウハウまでは指導を受けておらず、掘り上げたイモの洗い方、ツルの切り方、寒風にどの程度さらしておくのかなど毎年毎年手探りで、今回も農家さんたちなりに取り組んだ栽培方法が、買取価格を左右する糖度にどう影響するのかを確かめようとしていたのでした。八〇歳に近づこうとするあるお母さんは「この年になって栽培手帳さ付けて、にらめっこするとは思わなかったわぁ」と、はにかみながらお話されていました。私はそのような話を付箋に書き留め、模造紙に貼り付けてゆきます。

「今年は、はぁ、ツル切りしないで寒風にさらしてみたんだわ」。「だから、糖度が高かったわけか」。「わからんけどの」。「おいは、イモさ洗うのに、洗濯機使ってみた」。「あの、セメント混ぜるやつがいいんでねえべかの」。「そしたら、ちょっとは楽になるかの」。

それぞれのメンバーが凝らしている創意工夫の知恵が、徐々に交換されはじめてゆきました。付箋もいつの間にか模造紙いっぱいに広がり、「寒風吹きすさぶ洗浄の苦労」「寒風に当ててこその糖度」「イモ洗い機は小型セメントミキサーが最適」などの見出しも増えてゆきました。

「ところで」と私は切り出しました。「みなさんはこれからアピオス栽培をどれくらいまで広げていこうとされてるんですか」。これもまた八〇歳に近い協議会会長の男性は「そりゃあ、作っただけ買ってくれるっていう話だから、みんな体と相談しながら、やれるだけやるんでねえべか」。そうなのです。村が取り組んでいるアピオス栽培は、県主導で下北地区全体の農業者に呼びかけて生産してもらい、それをむつ市の農産物商社が一手買取・販売する枠組みに沿って行われていたのです。

「それじゃ安心ですね、ところで、そもそもなんでアピオス始められたんですか」と私はもう一度尋ねました。「県が奨めてきたからだべか」と会長さんが言います。「もともと何をやられていたんですか」。別の六〇歳前後の男性が引き継ぎました。「何をって、ここじゃ何つくってもサルに食われるからの、のぉ」。「のぉ」。みなさんが苦笑しながら頷き合いました。「あぁ、そうでしたね。それは大変だ。アピオスは大丈夫なんですか?」。「おぉ、アピオスはサルも食わねえべしってことで。あくが強いんだべの」「だから寒風にさらすんだべの」。「じゃあその前はどうしてたんですか」。「だけん、反らしてた田んぼを起こしたんだべし」。みなさんも村を訪れるとわかりますが、国道沿いには延々と耕作放棄された田んぼが広がっているのを目にできます。その一角を、会長さんは再び起こしアピオス栽培に取り組んでいるのでした。

こうしたやり取りのなかで私は考えました。事前に県庁の担当者はこんなふうに話していたのです。「下北半島の西側ではもう産業としての農業は成り立っていないんで、「地域経営」で全ての市町村を一律に支援するのもおかしいんですけどね」。たしかに佐井村のマネジメント部会に集まっているのは、最も若いのが先ほどの六〇歳前後の男性で、他に村役場担当者の四〇代女性や地域おこし協力隊としてやってきた三〇代の男性も会員になっているものの、畑を借りながらはじめて農業自体に取り組んでいる状況でした。ここでのアピオス栽培は「産業」とは言えないのかも知れません。

しかし今まで何を作ってもサルに食われると、農という営みそのものから離れていた方たちが、八〇歳近くになってもう一度田を起こし、栽培手帳をつけはじめ、毎年毎年、いくつもの作業ごとに創意工夫を重ね、しかもその知恵がこうして徐々に交換されはじめているのです。こうした話し合いのなかから次に何に取り組もうか共有されてくれば、それこそが主体的な地域づくりと呼べると私は考えはじめました。「地域経営」という大それた概念で括れないにせよ、少なくとも行政から頼まれてやっている状況から一歩踏み出せないかと。

そうした感想をその場でみなさんにお話しました。「正直、感動しました。みなさん、目がキラキラしていて。サルに負けない！って誇りがビンビン伝わってきました」。「あ、先生、それいいんでねえべか、目標に。「サルに負けない村づくり」」。六〇歳前後の男性がそう言ってくれ「サルに負けない村づくり」という付箋が、模造紙の右端上に貼られました。そうなのです。自分たちがこうして何だかんだと楽しみながらアピオス作って集まっている姿が徐々にでも村のなかに広まっていけば、県や村が課題としている契約栽培農家の拡大も実現してゆくという目標が共有されたのでした。

(2) 取組みの再構成と関わり手の広がり

このように目標が確認されてくると、まず参入の一番の壁になっているのは何かが話し合われ、先ほども出ていた「寒風のなかでイモを洗う作業のつらさ」だと確認されました。「寒風吹きすさぶ洗浄のつらさ」という赤色付箋を二重丸で囲んでゆきます。すでに出ていた「セメントミキサーが最適」という青色付箋を、二重丸で囲んだ赤色付箋の右上に移動させます。こうして小型ミキサーを試験的に導入することを共有し、役場の担当者が詰めの事務手続きを行うことになりました。

次いで一五年七月、あらためて開かれたマネジメント部会では、ウニ殻を畑に入れることが話題に上りました。ウニが特産の佐井村では大量の殻が出ます。親戚の漁師さんからその殻をもらってきて畑にまいているのですが、アピオスの栽培に何か役に立つのかという素朴な疑問から始まりました。すると、産直の代表者の方が「ウニ殻が入っているのがアピールできれば、佐井のアピオスって言えるんでねえべか」と言うのです。青色付箋で書き留めます。現在は全量、商社に買い取ってもらっているのですが、ツルも十分、加工品に利用できるし、葉も茶葉として実際に販売しています。それらの付加価値づけに活用できるというのです。

「や、ウニ殻そのまま使ったら、産廃の不法投棄になりますよ」。県の担当者が注意を促しました。オレンジ色の付箋です。「だのぉ」。隣町では実際、水産加工業者が積んでいたウニ殻を堆肥として販売して摘発されたばかりだったと想い出され、オレンジ色の付箋が増えてゆきます。議論が途切れてしまいました。

「どうしたら堆肥として使っていいんですか」と私は県の担当者に聞いてみました。「それは……」。「じゃあ、申し訳ないんですが、次回のマネジメント部会までに調べてきていただけないでしょうか」。頷くのを確認しながら、私は青色付箋に書き込んで「県の宿題！」と赤ブロッキーで大書しました。同じように協議会のみなさんにも頼んでみました。「みなさんもふだんどんなかたちでウニ殻を積んでいるのか、写真に撮って持ち寄りませんか」。もう一枚、青色付箋が増えます。このようにして誰が次の回までに何をやるべきなのかを明確にし、みんなの前で共有していったのです。

次のマネジメント部会では、県の普及振興室から、堆肥として使うことができる条件や最低限の設備などについて情報が寄せられました。そのうえで農家のみなさんが持ち寄った写真を一つひとつみんなで確認し、この積み方であると、追加でコンクリを打つ、排水路を準備するなど、それぞれどのような設備が必要であるのかを確かめていきました。

そのようにウニ殻を使っていることを周知できるようになると、次にはウニ殻をどれくらい入れると通常の栽培方法に比べてどのような成分が増えてくるのか気にする声が自然に挙がってきます。そこで一六年度は、普及振興室と協力して試験圃を設け、いくつかの条件を変えたウニ殻栽培による効果測定が行われることとなりました。

一方で、佐井村の名を押し出したアピオスの販売についても、村でのうに祭りなど従来行ってきたイベントに合わせた販売の成果を振り返りました。お客さんからはどんな料理に使ったらよいのか、粉末化させたアピオスならどれくらい料理に混ぜたらよいのか具体的な問合せがあるものの、みなさんはうまく答えられていないというのです。

今までどうしてきたかと聞けば、自分たちであれこれ試し、それぞれに答えていたというのです。八〇歳近いお母さんはどれくらいまで混ぜたら胸やけしないで済むのかを自分の体で試していました。栽培をめぐる創意工夫と言い、このように日々前向きに新しい知識を自ら試行錯誤して生み出しているのです。他の方たちの知見もどんどん赤色付箋に書き出されてゆき、それらをまとめて販売の機会での情報提供に生かしていこうという青色付箋が貼られました。

このように販売が視野に入ってくると、部会のメンバーだけで議論をとどめてよいのかという声が自ずと出てきます。部会には産直の代表者の七〇代の男性も加わっており、村の観光協会会長も兼ねていることから、さまざまな販売促進の機会を積極的に設けてくれます。

しかし販売の際に重要なのは、あまりなじみのないアピオスを生活者の目線からどれだけ幅広く、魅力的に紹介できるかです。私はそれをオレンジ色付箋に書き留めながら、どなたが売り子に立っているのかを尋ねてみました。すると、村のイベントには小中学生やその親たちも総出で手伝いに来ているというのです。それでは小中学生やその親たちにも、今、マネジメント部会で交わされている話をぜひ分かち合っていただきたいものです。そうしたメンバーたちの声を汲み取り、ＰＴＡの役員でもある村役場の担当者が小学校に掛け合うと声を挙げました。

次のマネジメント部会で確認すると、まずは小学生たちにアピオスの栽培、収穫、そして粉末化などの加工にかかわってもらっていました。協議会のメンバーも手分けしてお世話するだけでなく、これまで重ねてきた創意工夫や生活の知恵なども子どもたちにわかりやすく伝えることができたと、赤色付箋の成果が増えてゆきました。

さらに担当者は自ら青色付箋に、この子どもたちに次の年の販売もやってもらいたいと書き出しました。その努力と学校の理解により、現実に年度をまたいだ取組みに発展してゆきました。一五年度、栽培に取り組んだ五年生たちが、一六年度のうに祭りなどのイベントの際に、自分たちが育てて仕上げたアピオスを売り子としてアピールすることになったのです。もちろん新しい五年生たちによるその年の栽培体験も続けられました。

（3）起点としての目標の複眼化

以上の佐井村でのロードマッピングは、役場からの提案を淡々と受け止め「いいんでねえべか」で終わっていたマネジメント部会の議論をたしかに変えました。まず一人ひとりの農家さんたちの取組みを丁寧に振り返りました。それまでただ糖度ごとの収量という数値で捉えられがちだった取組みが、栽培をめぐる創意工夫や使い手のことを考えた試行錯誤の積み重ねとして捉え返されたのです。このように同じ成果を複数の視点から捉え直し、取組みの方向性もまた複眼的、複線的に展望しなおすのが、ロードマッピングでまさに目指そうとしていたことでした。

さらにこうした捉え返しがあってこそ新たな目標設定が可能になりました。すなわち、もともと曖昧だった収穫量や販売金額といった数値目標が明確になった、という以上に、従来、産業としての農業ではないとして切り捨てられそうになっていた取組みの本質が、あきらめかけていた農家さんたちをもう一度奮い立たせた「誇りの再生」にあると確認されたのです。

このような目標の再設定によって、収穫量や販売金額の急激な拡大には直結しないと隅に押しやられがちだった、細かな創意工夫や試行錯誤をむしろ基礎として、次に必要な取組みが関係者間で共有されてゆきました。強引な「宿題」が素直に受け入れられたのも、次の回までに誰が何をしてゆくのかを分かち合う間柄が紡ぎ直されたからでしょう。

ちょっとした価値観の対立はありました。ウニ殻投入の効果測定を担当した普及振興室のベテラン指導員の方が「ウニ殻は石灰なんではっきり言って何の効果もない」とみなさんの前で断言したのです。ですが彼はそこで言葉をとどめませんでした。「効果はないはずなんですが、試してみましょう」と。ここまで毎回、創意工夫の数々を語るみなさんの表情を目の当たりにすれば、どんな専門家でも価値の置きどころを再考せざるをえなかったのでしょう。まさに暮らしの視点に価値を置くことを、関係者の間でどこまで共有できるかが鍵なのだとあらためて気づかされました。

そのような価値の置きどころが明確化されたからこそ、普及振興室も特に若手職員を中心に、間に異動をはさんでいても、丁寧なフォローアップが続いています。さらに言えば、役場の担当者、学校の先生、村の子どもたちやその親たちと、共感の環が着実に広がっています。そのうえ周り回って、初めに脇に置くこととした「産業」としての価値に対する寄与も顕在化してきています。五年間続けられてきた下北半島全体でのアピオス振興は、本来、大半を担うことが期待されたむつ市で栽培が広がらず、「産業」ではないとされてきた佐井村が、全体の出荷量の半分を占めるようになっているのです。

初めにロードマッピングの目的の一つが「地域づくりへの時間軸の導入」だとお話しました。しかしこの事例から学ばれるのは、時間軸が予め定められた数値目標へと向かう一直線で描かれなかったことです。複数のモノの捉え方を大切にすることで、収穫量や収入だけではない別の目標も見えてきます。さらに、生産だけではなく販売を考えたり、生産者だけでなく消費者のことが視野に入ってきたり、農業者だけでなく漁業者、次代を担う子どもたちの利害や関心が配慮されたりします。そうすると時間軸も複数見えてきたり、行ったり来たりしたり、さまざまな様相を呈してきます。

それは混乱ではありません。もともと地域には、あるいは社会そのものには、直線的だったり循環的だったり、区切りの間隔やリズムが異なる複数の時間が流れています。そのような複数の時間軸が現われてくることは、ロードマッピングを通じて、たとえば農業振興のような小さな一つの取組みが地域の文脈に広く深く埋めなおされ、「地域づくり」として地に足が着きはじめた証です。佐井村の例にあったように、ロードマッピングは少なくとも年に二回は繰り返し、美しい図解を後生大事に奉るのではなく、小まめに書き換え書き加えてゆくことが大切だと実感しています。

（4）営みの積み重ねをいかに顕在化させるか

言うまでもなく、佐井村の取組みはロードマッピングだけで可能になったわけではありません。ここであらためて共有された創意工夫や試行錯誤の数々が、実際に積み重ねてこられなければ、目標の再設定とそれにともなう取り組みの組み立て直し、幅広い関係者への共感の環の広がりも可能になりませんでした。

さらに言えば、行政職員や村のみなさんに共感を受け止めるだけの素地があることも無視できません。あくまで農家さんの実践が自分たちの原点だと考える普及指導員の職業倫理もその一つです。

加えて佐井村では一九五九年の約六千人を頂点として一貫して人口が減り続けています。人口減少にかれこれ半世紀以上も向き合うなかで、立場を超えた村人の共同実践が積み重ねられてきました。こうした地域をとりまく関係者の素地があって初めて、共感が共感を呼ぶ連鎖が生み出されました。ロードマッピングは、そうした実践に裏打ちされ

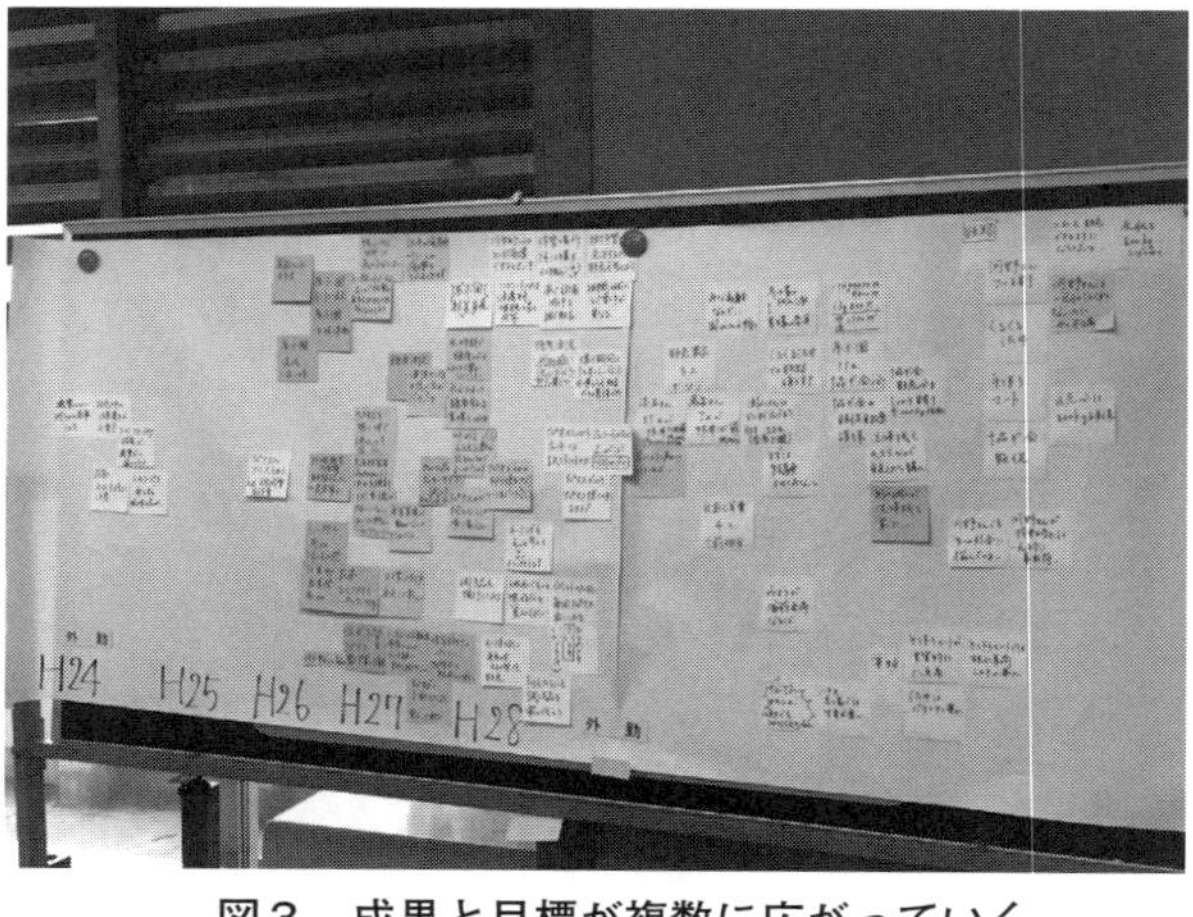

図３　成果と目標が複数に広がっていく佐井村のロードマッピング（撮影筆者）

た倫理や習慣を顕在化させ、互いに結びつけ合う触媒になります。

したがって私がこの間訪れた全ての市町村の全てのマネジメント部会で、佐井村と同じような成果が挙がったかと言えば、そうではありません。ある市では女性加工グループの声を拾い上げるのに精一杯になり、その場にいらした市の農業担当部長に女性たちの声を現場に伝えてくださるようお願いしました。部長は本当にその場で加工場を管理する担当者に電話をかけ、事情を聴いてくださったのですが、それが逆に現場担当者の反発を買い、結果として女性たちの声はますます現場に届きにくくなりました。価値の捉え直しを性急に進めようとしたゆえの痛恨事です。

別の市では、役所の担当者が苦労して集めてくれた新規就農者の方たちからあらためて何を目標にしているのかをお聞きしました。先が見えない苦しさを、参加者の一人の実体験をもとに、東京での共同直売会を通じ農の手応えを実感しながら乗り越えようと、当面の目標を見定めました。しかし市では既に商談会への参加の経費を予算化していました。私もこの地域で多くの就農者が手掛ける重量野菜を商談会に持ち込む危険はわかっていたのですが、失敗しても次につながると、新規就農者の提案と市の枠組みを両立させるよう合意を取り付けました。結果は予想どおりの失敗で、それに懲りた多くの新規就農者の方たちは、振り返りのワークショップに足を運んでくれませんでした。大きな成功を狙ったわけでもなく、ワークショップに試行錯誤はつきものだとは言え、価値観を共有するプロセスは慎重に丁寧に踏まねばならない難しさを、私も日々学んでいます。

Ⅳ　経験知の共有にむけて：クロスロード

最後に地域づくりの実践者どうしが経験知を共有するワークショップを紹介します。見てきたように、地域づくりのワークショップで顕在化させ共有しようとしているのは「暮らしの視点」であり、それを文字通り体現するのは実践者のみなさんに他なりません。私をはじめとする研究者のような第三者は、それを言葉にすることでより広く共有していただきたいと願うものなのですが、言葉には独特な難しさがあります。

実践から引き出される知識は可能なかぎり「土の香」を損なわないよう言葉にしたいものです。しかし「土の香」がすればするほど、実践者のみなさんが積み重ねてきた現場を感覚的に了解できないと、言葉自体が理解されないことが少なくありません。本書でできるだけ現場の感覚を伝えようとしたのもそのためですが、それでも十分にお伝えできているかわかりません。さらに厄介なことに「土の香」という感覚自体、現場から遊離しがちです。農家や農村の現実とは別に、農家ぽさ、農村ぽさという社会的な通念が存在するように、「土の香」ぽい言葉も少なくありません。

こうした言葉の上滑りを避けるには、実践者の方たちどうしが場を共有し、それぞれの経験知を分かち合うワークショップを開いていただくのが効果的です。そうした問題意識から私が試行的に取り組んでいるのがクロスロード・ワークショップです。

1　分かれ道の乗り越え方を分かち合う

「クロスロード」とは分かれ道を意味します。地域づくりでもさまざまな分かれ道があります。あのときこうしておけばよかっただけでなく、そもそも、今、地域づくりを始める始めないも大きな分かれ道です。そのように分かれ道にはいくつかパターンがあります。よくある分かれ道に立ったとき、他の地域づくりに取り組む全国の仲間たちが、どう乗り越えてきたのかを分かち合うのが、クロスロード・ワークショップです。

もともとこのワークショップは、矢守克也氏を中心とする京都大学防災科学研究所のみなさんが開発して運用しているものです（注21）。京大防災研では阪神大震災後、被災者の救助や支援に携わった多数の方から聞き取りを行ったそうです。阪神大震災は高度成長以後の日本の大都市を襲った初めての災害でした。そのため、それまでの法制度やノウハウでは十分に対応できず、その八方塞がりな現場現場の実に多様な知恵によって打開されたと言います。そうした現場の知恵は、時間が経つほど忘れられがちですし、異なる現場どうしで共有され再検討されることもあまりありません。そこで京大防災研では、膨大な聞き取りデータから救助や支援の重要な分かれ道をあぶりだし、それをカードゲームに仕立てて、これから防災に取り組む地域も普及共有できるプログラムを開発しました。

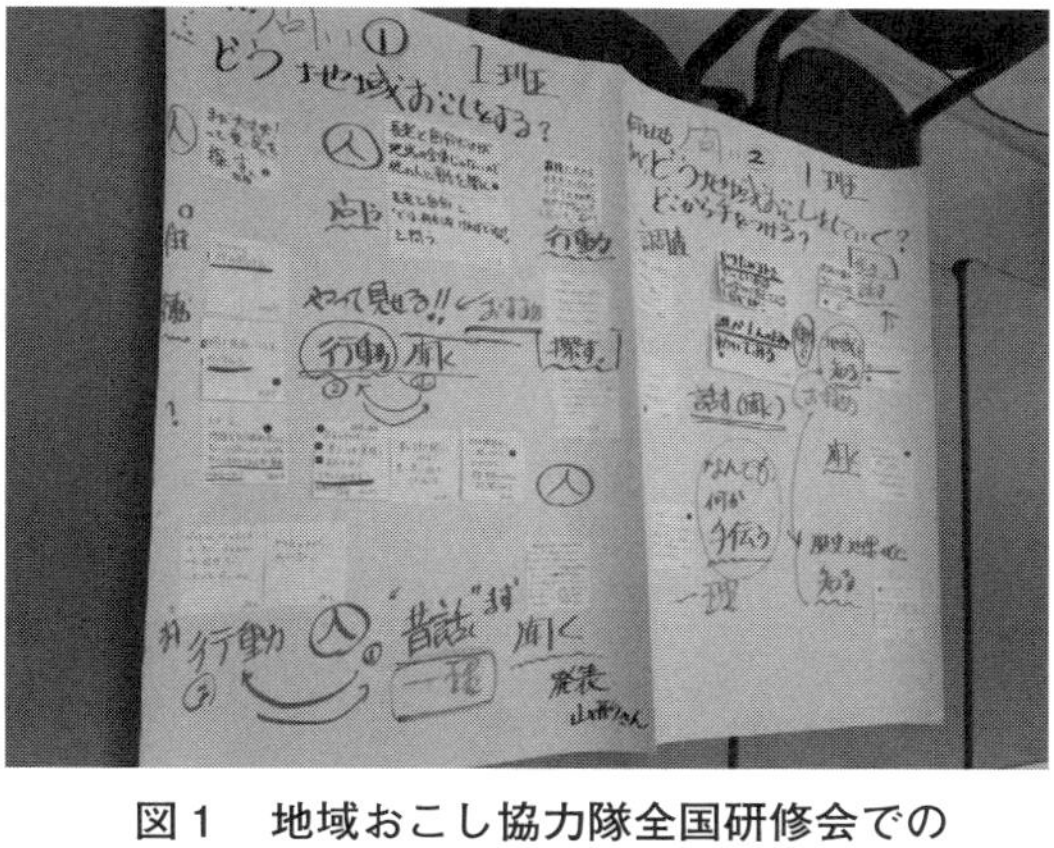

図１　地域おこし協力隊全国研修会でのクロスロード簡易版の一例（撮影筆者）

このワークショップに初めてふれたときこう考えました。「分かれ道」は地域づくりなどさまざまな分野にも応用できると。しかも模造紙と付箋、

（注21）矢守克也『アクション・リサーチ』新曜社、二〇一〇年。

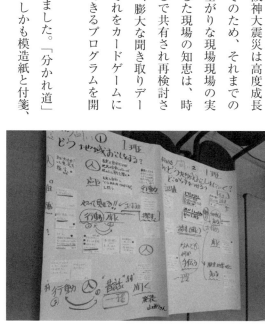

スライドなどだけでも話が弾み知恵が持ち帰れる、そうした日常の延長のワークショップができるのではないかと。

そこで私がお奨めしているのが「クロスロード簡易版」です。地域おこし協力隊など、地域づくりにかかわる実務者の方の研修会などに使っています。はじめに研修参加希望者の方から、ふだんの地域づくりの悩みをお聞きしておきます。それらを事前に熟読し、よくある悩みのパターンを「分かれ道」としていくつか引き出しておきます。協力隊のみなさんの場合、たとえば「一日中草刈りをしていろと言われた」とか「何をやってもムダだという地域の顔役がいる」とか「何をしてもいいと言われ、どこから手を付けてよいかわからない」とか、いくつか悩みのパターンがあり、それらを「分かれ道」とするわけです。

そのうえで研修会当日、何人かごとでグループを組み、それら「分かれ道」のお題を順に考えてもらいます。要するに「あなたならどうする／どうした」に答えていただくのです。答えは一つずつ付箋に書いてもらい、できるだけ頭を柔らかくして、「これ、どうなんだろう」と思うものも臆さず出してくださいとお願いします。だいたい五分、一〇分ほど考えてもらってから、グループ内で自己紹介をしながら、自分のアイデアをどんどん出していってもらいます。

こういうとき、アイデアを全部言ってから次の人に回すと、今回のようなアイデア競争の場合、やたらと一人の人がしゃべり続けることになります。そこで、ある人が一つのアイデアを出し、それと同じアイデアを持つ人がいたら、「私も！」と横入りしてもらい、次はその人のお話を聞くのをお奨めしています。すると、あっちの人、こっちの人と話が転がってゆきます。他の人の話に耳を傾けていないと自分の番がやって来ませんから、特定の誰かが「話し手」「聞き手」にならず、誰もがいつも「話し手」「聞き手」になることができます。

もう一つ、「ハイハイ！私も！」とか「賛成（拍手）私も！」といったかたちで、かけ声や拍手をどんどん入れてもらうのも大切です。かけ声や笑い声が大きくなると話が弾みますし、周りのテーブルにも伝播するものです。

そうして一しきり、二〇分、三〇分、意見を出し合っていただきます。途中で思いついたことをどんどん付箋に書き出していただいてもかまいません。「私も」「私も」式に付箋を出し合うと、自然とまとまりも付いてきます。もうだいたい十分かなというところで、「これは他のグループにもぜひ伝えたい」アイデアと「これはちょっとおすすめはできないが、心には留めておきたい」アイデアを一つずつ選んでいただきます。ここまでで一つの「分かれ道」終了で次に移ります。およそ二時間のワークショップならば、三つくらいがよいところでしょうか。

最後の二、三〇分で全体でのアイデア発表に移ります。そこでも順番は手挙げを基本とし、まんべんなく報告してもらうのではなく、「まだ出ていないアイデアは？」と追加方式で行くことにしています。そうすると持ち時間五分で平等にと時間に追われて報告するよりも、自然と場が盛り上がってゆきます。

もし研修会に経験豊富な方が進行役などで関わっていれば、適宜コメントをもらうのもよいです。各グループに進行役として張り付けるくらい経験者がいるなら、グループでまとめをする前に一言お話いただいてもいいですし、最後の全体でのまとめの際にコメントをもらうのでもかまいません。

2　半よそ者とは誰か

ここまで紹介したクロスロードは、さまざまな地域で活動する、地域に根ざしながら外の視点をもった方たち（私はそれを「半よそ者」と呼んでいます）が参加されることが多いでしょう。実際、私の場合、協力隊だけでなく、県や市町村の地域振興担当職員、農業普及指導員のみなさん、さらには大都市部のマンション管理会社の担当者など、さまざまな現場の「半よそ者」の方たちとクロスロードを行ったことがあります。

そうした方たちは私にとってはむしろ、同じ立場で地域づくりに向き合っていらっしゃる「同志」です。みなさんの編み出す突破口は大変勉強になります。たとえば先に挙げた「何をしてもいいと言われ、どこから手を付けたらよいかわからない」などの「分かれ道」は、私にとっても全く他人事ではありません。これに対する「おすすめのアイデア」としては、まさに本書で紹介してきた暮らしの視点を大事にする取組みが挙がるでしょう。「まずはお茶っこを重ねて、お母さんたちの話に耳を傾ける」「まずは飲み会に小まめに出て、じわじわと本音を聞き出す」「地域のみなさんのちょっとした日常に目を向け、みなさんで分かち合っていただけるよう「新聞」を出す」などなどです。

これに対しあるとき「何もしないで、地域の人たちと同じように日々を淡々と暮らす」アイデアが出ました。そのとき私が想い出したのは宮本常一の「村の坊主」の話です。第Ⅲ章で紹介した佐井村に足を運びながら、折々手にしていた宮本の下北半島にかんする著作のなかに、こういう話が出てきます(注22)。下北の村々はおおむね自分たちの暮らしを立てるのに精いっぱいだったと宮本は言います。それでもどこの村にも必ず一つや二つの寺があり、務めに勤しむ僧侶がつねにいたと。

考えてみれば村の坊主たちは無為徒食の徒であって、彼らを養うのは村の人たちにとって少なからぬ負担だったはずです。にもかかわらず彼らを養いつづけてきたのは、村の人たちにとって意味があったからではないか。宮本は下北の特に禅寺で、若い僧が本寺から順繰りに迎えられていた事実に注目し、村の人たちは彼らを通じて新しい、とりわけ都市の知識を吸収していたと言うのです。

私はこの話を読み、実際に佐井村のお坊さんや神主さんとお話したり、年々の海難供養の仏事や村で一番大きな神社祭礼にお邪魔させていただいたりしながら、たしかに宮本の言うように、「村の坊主」は外の世界との接点でいらっしゃると実感しました。しかもその「外」とは、地理的な範囲の村外だけではないと考えました。今、現実に目にすることができる世界の「外」はさまざまに広がっています。死者の世界、村の過去あるいは未来、さらには、少しでも稼ぎが多く、安定していればよいとするのとは異なる価値観の世界も、仏事でともに涙し、祭礼でともに大騒ぎしているとき、たしかに実感できたのです。

そのような記憶が「何もしないで淡々と暮らす」と聞いたとき、ふとよみがえってきました。なぜかと言えば、「淡々と暮らす」のはたんに「無為徒食であること」とは違います。それは、地域の人たちと同じ目線に立ってともに経験を分かち合うことです。さらにその先に、産めよ増やせよとかもっと稼げとか、現在大きな力をもって私たちに働きかけてくる価値観とは異なる世界がたしかにある実感を分かち合うこともできるかも知れません。それこそが、協力隊や私たちのような「半よそ者」にとって大切なことだと、私には感じられたのです。

まとめるなら**図2**のように表現できます。現在の地域社会の「外」には、村の「内」からみると無視はできないものの、ふだんは重視されにくい周辺化された価値観が、さまざまに横たわっています。「都市」に象徴される多様な事例や専門的知識。「過去」に代表される亡くなったご先祖や習わし。「未来」に代表される将来世代や変化に向き合うこと。

（注22）宮本常一『下北半島』未來社、二〇一三年。

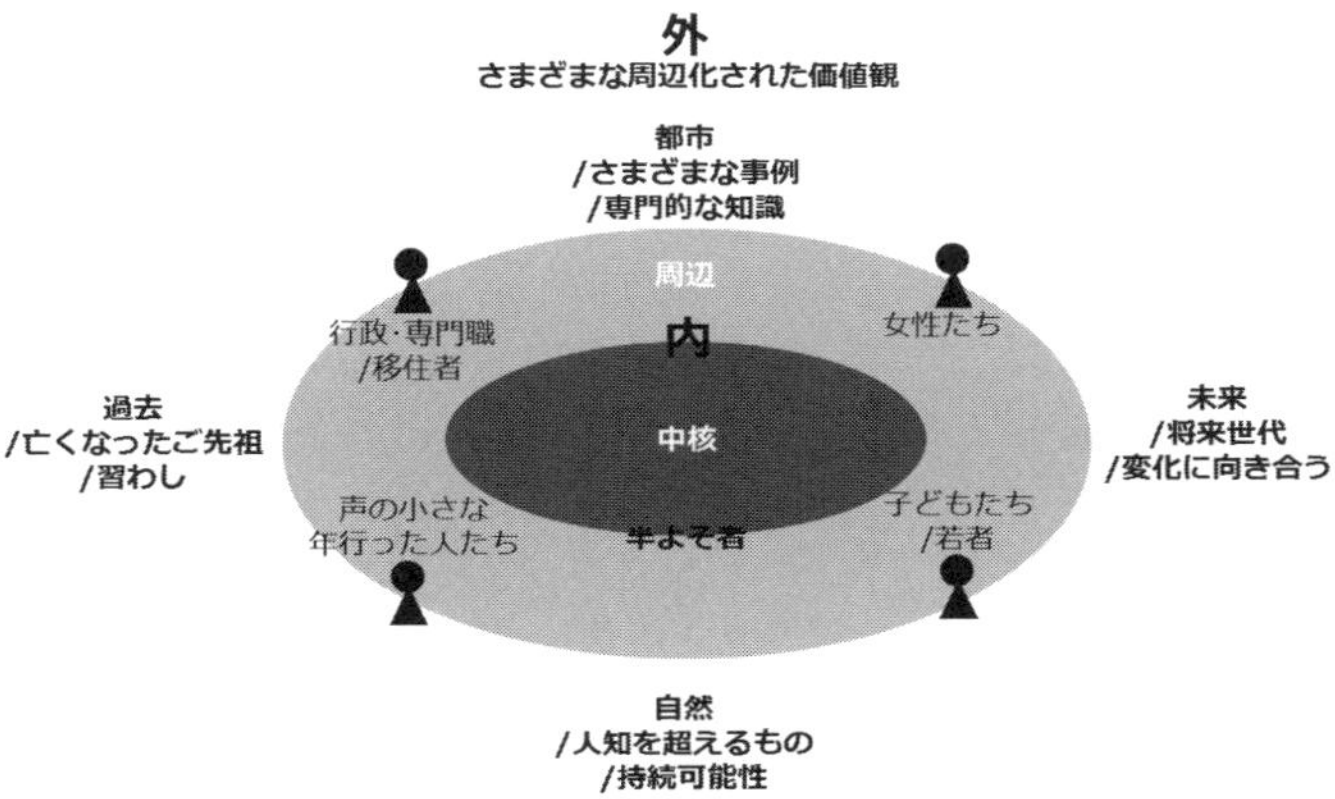

図２　現代社会でさまざまに周辺化された価値観＝「外」と地域の「内」をつなぐ「半よそ者」。専門職以外にもさまざまな立場がありうる。

「自然」に象徴される人知を超えるものや持続可能性。これらは地域の日常で意識はされるものの、正面切って問い直されることの少ない価値観です。ちょうど佐井村のマネジメント部会が初め「いいんでねえべか」の繰り返しで、何のため、誰のためが問い直されていなかったように。

「半よそ者」には、こうした周辺化された価値観をもう一度、地域のみなさんとともに呼び覚ます働きがあると考えられます。ここで「半よそ者」という耳慣れない言葉を使っているのは、「よそ者」というとたんに「よそよそしい人」という印象が拭えないからです。「半よそ者」とあえて呼ぶことで、地域の「内」と「外」の価値観をつなぐ二重性という揺らぎや動き――実践性――を強調したいのです(注23)。その担い手は専門職や移住者などに限られません。声の小さな年の行った人たちや子どもたち、若者、何より本書で一貫して注目してきた多くの女性たちも「半よそ者」に他なりません。**図2**にあるように現在の地域は、どうしても年長の男性を中心とする「中核」とそれ以外の人たちからなる「周辺」とに二重化しています。「半よそ者」には、地域の「外」に横たわる価値観を、地域の「内」に呼び覚まし、関わりつづけることによってつなぎとめる働きも期待されるのです。

3　根をもつことと翼をもつこと

ここで吟味した「半よそ者」の役割は、ワークショップにおける進行役の関わり方、さらにはワークショップのあり方に深い示唆を与えます。

まず進行役についてはしばしば「中立的」であることが求められます。対して本書では一貫して、今まで周辺化されてきた、すなわち「外」扱いされてきた主体や価値観を掘り起こそうとしています。これはいくら耳障りのよい言葉でも特定の価値観への肩入れです。こうした肩入れが許されるとすれば、それは「外」の価値観を本当に「外」から持ち込むのでなく、暮らしの目線に立って地域の「内」からじっくりと汲み上げ、何より地域に関わりつづける限りにおいてでしょう。

こう考えを進めてくると、第Ⅰ章で示した地域づくりとワークショップの関係図も**図３**のように捉え返す必要があります。本書では、現在よく見られる地域づくりワークショップが、立ち上げ期と事業期との屈曲点に集中しているのに対し、より地域づくり、あるいは地域の「日常」にワークショップを埋め込むよう拡張する道筋をたどってきました。立ち上げ期については地元学をベースとした体験共有ワークショップ、事業期に対しては「普通の会議」をワークショップに転換するロードマッピングです。**図３**では、前者を地域の暮らしの視点を捉え返すことから「根をもつこと」と、後者を事業の目標を明確化し着実に展開させることから「翼をもつこと」と表現しなおしてみました。

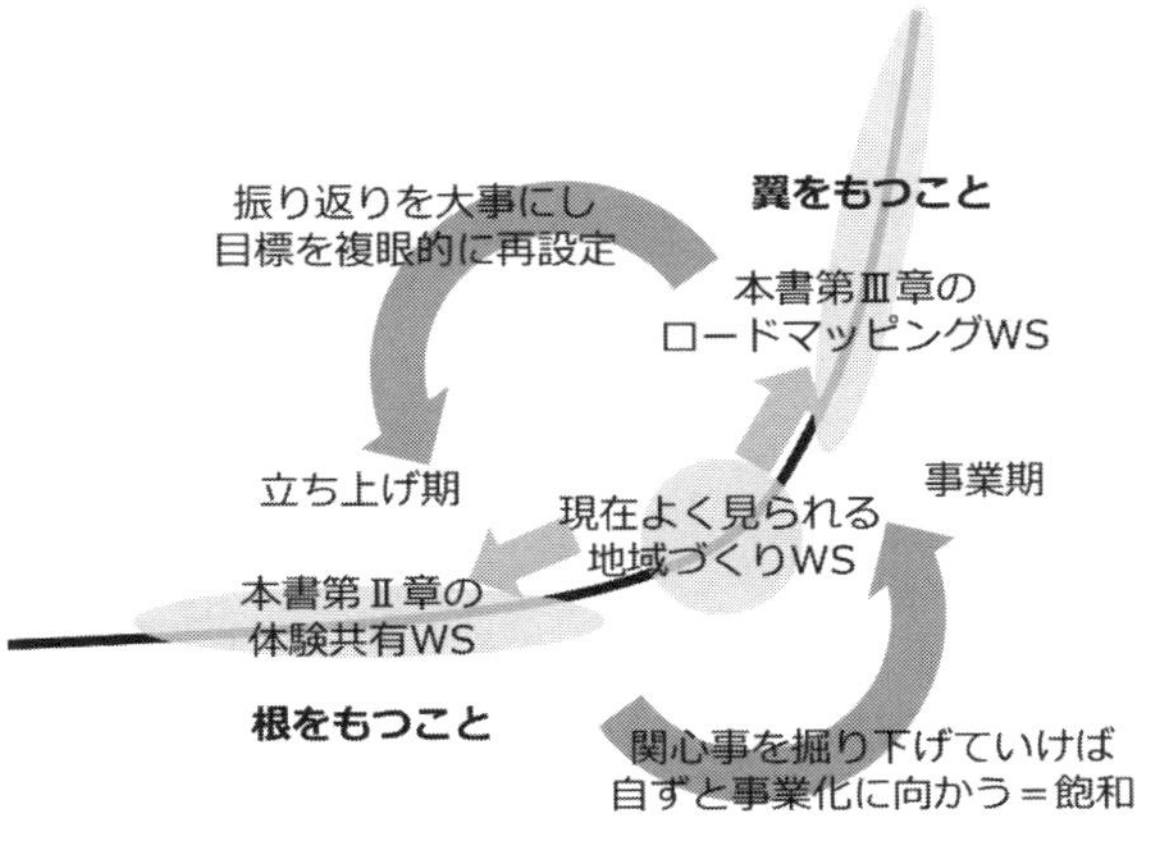

図３　地域づくりとワークショップの関係：
根をもつことと翼をもつこと

しかも「根をもつこと」と「翼をもつこと」とは別々に進められることではありませんでした。体験共有ワークショップでは、第Ⅱ章の例にあるように、地域のみなさんの関心事に沿って掘り下げていけば、自ずと事業化の芽が伸びてき

（注23）ゲオルク・ジンメル「よそ者についての補論」『ジンメル・コレクション』筑摩書房、一九九九年。同論文では初めに「よそ者」がふつう考えられているように「今日来て明日去る者」ではなく、「今日来て明日もとどまる者」ではないかと問われ、その二重性と実践性に注意が向けられている。

ます。このように「自ずと見えてくる」過程は、社会学では「飽和」(注24)と呼ばれる研究の基本的な進め方の一つです。「根をもつこと」に徹すれば自ずと「翼をもつこと」の端緒がつかめるのです。地域の「内」と「外」のたとえをもう一度引けば、地域のみなさんが本当に大切にすることを掘り下げていけば、ふだん忘れがちな価値に気づいていく、すなわち「内」を見つめることで初めて「外」が見えてくると言うことができるでしょう。

他方、「翼をもつこと」もまた「根をもつこと」と無縁ではありません。第Ⅲ章の例にあったように、予め定められた目標にいかに効率的に近づくようにしても議論は空転しがちです。そうではなく丁寧に今までの積み重ねを振り返り、見落とされていた取組みの価値を掘り越すことが大切でした。その結果として、目標を「借り物の言葉」でなく自分たちの暮らしの視点から再設定することができ、結びつきにくかった地域内外のさまざまな方たちとの目標の共有と地に足の着いた共同が可能になっていました。

本書がお伝えしたかったのは、このように（一）地域づくりをめぐって「根をもつこと」と「翼をもつこと」とが互いに補完しあう関係が生み出しうること、（二）ワークショップを日常の暮らしにじっくりと埋め込むことがその契機となりうることです。

「根をもつこと」と「翼をもつこと」とは、ちょうど二〇年前、見田宗介先生のゼミでうかがった言葉です(注25)。私たちが、周囲の人びと、また見も知らぬ遠い人びととともに「社会」をかたちづくるときに、どういった手応えが必要なのかを端的に表す言葉であり、見田先生はそれをご自身の比較社会学のテーマの一つとされていました。この言葉に魅せられ、書物のうえや現場のなかを二〇年彷徨ってきましたが、ようやく私なりの展望にたどりつけたようです。みなさんは如何でしょう。声をかけていただければ、いつでもうかがいます。ともに地域の未来を拓いてゆきましょう。

謝辞

学生時代からさまざまな場で、地域とかかわる機会を与えてくださった内田隆三先生はじめ、みなさまに心から感謝申し上げます。本書でとりあげさせていただけなかった数えきれないみなさまとのやり取りから育てていただきましたこと、この場をお借りして御礼申し上げます。最後に、貴重な機会と御助言をたびたびいただきました小田切徳美先生をはじめとする研究会のみなさまに感謝申し上げます。

すべてのみなさまへ。引き続き議論を、そして実践を積み重ねてまいりましょう。

（注24）バーニー・グレイザーほか『データ対話型理論の発見』新曜社、一九九六年。
（注25）真木悠介（見田宗介）『時間の比較社会学』岩波書店、一九八一年。

〈私の読み方〉農山村再生のプロセスデザインと新しいワークショップ

小田切 徳美

1 本書の意義―地方創生とワークショップ―

農山村の地域づくりにおいて、ワークショップ（以下、ＷＳ）の必要性が言われて久しい。中塚雅也氏等によれば、「（農村計画で用いられているタイプのワークショップは）我が国では宇都宮大学の藤本信義氏が山形県飯豊町椿集落で実施したものが最初である」（中塚雅也・深町拓司・星野敏「ＳＷＯＴ分析を応用したワークショップ手法の開発」（『神戸大学大学院自然科学研究科紀要』、２００７年）と指摘されている。藤本氏等がその実践をまとめた報告書（山形県飯豊町・東京工業大学青木志郎研究室・宇都宮大学藤本信義研究室『椿講―コミュニティワークショップの記録―』）が公刊されたのが１９８０年であり、それからすでに40年近くを経ようとしている。

近年の特徴は、このような営みがようやく国レベルの政策にも位置づけられ始めたことである。たとえば、「地方創生基本方針２０１５年」では、「ワークショップを通じた地域住民による将来ビジョンの策定」という項目が設けられ、「市町村のサポートや、ファシリテーターなど外部専門人材や地域人材、公民館等を活用し、地域住民が主体となって、今後の地域の在り方について学び考えていくワークショップの実施を推進する」と明記されている。政府文書の中で、ワークショップがこのように取り上げられるのは珍しいことであろう。

こうした政府における積極的位置づけは、なによりもＷＳ自体の地域での広がりとその成果が後押ししている。多数の実践家や研究者が独自の手法を開発していることもあり、「集落点検」、「地元学」、「寄合ワークショップ」「宝探し」「地区力点検」「ＴＮ法」など、それぞれユニークな名前はついているが、これらは、いずれもＷＳないしはＷＳを中心とした地域づくり手法であり、多様な形で現場に浸透している。

つまり、農山村においてＷＳの導入は既に定着しつつあり、実践的にはもちろん、その背景となる理論においても成熟段階にあると見なすこともできる。そのような状況にもかかわらず、本書はあえて新しい考え方と手法とを提起する意欲作である。気鋭の社会学者である平井太郎氏の理論と実践の両面における挑戦に他ならない。

2　再生プロセスデザインとワークショップ

近年の農山村における地域づくりのひとつの到達点は、「足し算の段階とかけ算の段階」と言われるような再生プロセスの具体化である。

それを問題提起したのは、稲垣文彦氏をはじめとする中越地震の復興過程にかかわったグループである。その具体的内容は、次のように語られている。「まずは、寄り添い型サポート（足し算のサポート）を地道に行い、地域力がプラスになった段階で事業導入サポートを行うと効果が生まれる。これが『地域づくりの足し算と掛け算』という考え方である。同時に、これまでのコンサルタント主導の地域づくり、すなわち、寄り添い型サポートを丁寧に行わずに農山村の活性化プランを作成、事業導入型サポートのみを行ってきた地域づくりに警鐘を鳴らす考え方である」（稲垣文彦他著『震災復興が語る農山村再生』（コモンズ、2014年））。

解題者（小田切、以下同じ）は、こうした議論を「農山村再生のプロセスデザインの定式化」と理解している。同様の議論はなかったわけではないが、震災復興の実践と実証のなかで生まれてきたものであり、特に注目される。

本書の議論はこの「農山村再生のプロセスデザインの定式化」を踏まえた新たなWS論である。平井氏も指摘するように、従来のWSはこの足し算と掛け算の段階を繋ぐための作業、手順として位置づけられていたケースが少なくない。必ずしも、「足し算」「掛け算」という認識は持たなくとも、地域の課題の析出を出発点として、地域資源の活用を図る積極的な取り組みの計画（活性化プラン）づくりを目的とするもの多かったからである。

それに対して、平井氏は、むしろ、このふたつのプロセスごとに、それぞれに応じたWSが必要であり、それらはかなり特徴的なものであるべきことを明らかにする。その内容は、氏自身の試行錯誤を含む実践例とともに報告されており、実にリアルであり、また説得力がある。要するに、農山村再生に向けたプロセスデザインを踏まえたWS手法の構築が本書ではチャレンジされており、全編に革新的（イノベーティブ）な要素が満ちているのである。

それを解題者なりにまとめたのが、次ページの表である。

ここにあるように、「足し算期」である「立ち上げ期」に必要なWSは、筆者は「体験交流型WS」と規定している。それは、住民が体験を共有すること自体を目的としているものである。そのため、①できるだけ多くの住民の参加を実現する、②危機を煽り、住民を脅かすのではなく地域の可能性を分かち合う、③落としどころを先に作らず、関心のままに話す状況を作ることを実践上の

表　２つのワークショップ

	立ち上げ期（足し算の段階）	事業期（掛け算の段階）
WSの種類	体験共有型WS	ロードマッピング（工程表作り）
WSの目的	頭でなく体で体験を共有化	①事業のために時間軸を導入する。 ②これまでの事業の成果に対する異なる捉え方を共有し、新たな目標を設定する。
WSの実践的ポイント	①できるだけ多くの住民の参加を実現する。 ②危機を煽り、住民を脅かすのではなく地域の可能性を分かち合う。 ③落としどころを予め作らず、住民が関心のままに話す状況を作る。	①付箋の使い方を柔軟にする。 ②事業の方向性は、意見を「まとめる」より、「組み合わせる」ことを重視する。 ③幅広い関係者（機関）に共感を広げ、実践に巻き込む。
	〈共通するポイント〉暮らしの視点を重視する（地域の日常にＷＳを埋め込む）	
両者の関係	議論の深まりにより、「事業期」に移行	振り返りにより、「立ち上げ期」に再帰
キーワード	「根（root）を持つこと」（R型ワークショップ）	「翼（wing）を持つこと」（W型ワークショップ）

注：本書より解題者（小田切）が作成。表現や用語の一部は補足している。

ポイントだとしている。

おそらく、この点については、大方の読者が賛同するものであろう。それは、このＷＳが体験を共有することが目的であり、地域ビジョンなどの具体的な成果を求めることを目的としていないという説明から十分に理解できるのではないだろうか。

それに対して、「掛け算期」である「事業期」では「ロードマッピング（工程表づくり）」をＷＳの中心に据えるべきだとしており、ここはやや意外感があるかもしれない。だが、筆者の説明は明確である。事業を行うからには、①時間軸を持つことが必要であり、また②動き出した段階では、今までの取り組みに対して必然的に生まれる多様な意見をまとめることも求められる。そのためにも、工程表づくりを中心に据えたワークショップが効果的であるとする。

これは、次のように解釈できる。事業を具体的に推進する時には、やはり迅速性や機動性を意識せざるを得ない。それに応えるためにも、①の発想が必要である。他方で、農山村で住民主体の事業に取り組むのであれば、多様な意見を踏まえた住民の「総意」こそが力になり、時間をかけてもその確認作業が欠かせない。そのために②が求められる。そして、この「迅速性・機動性」と「住民総意」の両者を統合するものとして、ロードマッピングが位置づけられているのではないだろうか。

こうした具体的なプロセスは、本書第Ⅲ章第3節の青森県沢井村の実践でリアルに活写されている。同村で住民が中心となり、アピオス栽培を普及し、様々な主体を巻き込んでいくプロセス（この点は後述）は印象的である。

それは、立ち上がり期（足し算期）＝暮らしの視点、事業期（掛け算期）＝産業の視点を対置して、後者にはスピード感を特に意識しがちであるが、そうではなく、事業期にも産業の視点と同時に、暮らしの視点が貫くWSが必要であることを示している。平井氏の独自の実践と言えよう。

そして、著者は、理論的なもうひとつの「仕掛け」を用意している。ここで論じた2つのWSが、相互に繰り返されるべきことを最後に主張される。立ち上がり期WSを深めれば事業期WSのテーマは自ずから見えてくるし、逆に事業期を丁寧に対応することは、立ち上がりWSに立ち返ることになるからである。つまり、両WSの反復運動こそが、地域を農山村の再生に近づけるものである。それは両者を暮らしの視点という共通する要素で繋げることではじめて認識できる方向性であり、平井氏が本書で、理論的にも、また実践的にも新たな地平を切り拓いたと解題者にも思われる。

3　新しいワークショップのノウハウ

本書冒頭で、著者の平井氏は「本書がお伝えしたいのは、どうしたらワークショップがうまくできるかという技術論ではありません」としているが、実は随所に「技術論」が語られている。しかも、それは類書にあるノウハウとは、ひと味もふた味も違うものである。ランダムに拾い上げてみよう。

ひとつは、立ち上げ期において、「課題探し」「地域資源探し」に重きを置いていないことである。それは、「資源」という言葉が地域にとって、借り物であり、また「課題」という言葉はその解決を考えた場合、必ずしも住民の主体性を引き出すものではないからであると説明されている。しかし、著者がこのような方法をとらない理由は他にもある。それは、課題や地域資源をファシリテーターが予想して、時には効率的にWSを進めようとすることに対する批判である。氏は言う。「『課題』探しから入って、『産直参入障壁の高さ』『所得の低さ』、『通過交通がいかせていないこと』などを発言してもらって、じゃあ『山の恵み』をいかしましょうと『資源活用』のストーリーでワークショップを展開することもできたのです」。しかし、あえてそうしなかったのは、立ち上げ期の目的はそのような成果や方向性を出すことではないからである。体験を共有すること自体が目的であるならば、定番である「課題」「資源」からさえ、WSは自由になるべきことが語られている。

2つは、WSに不可欠な付箋の整理の仕方である。WSを体験した者であればわかるように、通常のWSでは付箋を貼った模造紙を成果とする。最近では、地域の集会場などに、WSの成果としてこの模造紙が展示されているのを、解題者もしばしば見ることがある。

その際、模造紙の全体が示す方向性のわかり易さや切れ味の良さが追求されやすい。そのため、付箋のグルーピングがやや強引に行われることはしばしば見られることである。それに対して、著者は、「まとめる」より組み合わせることの意義を強調している。まとめることで、議論が現場から離れてしまう経験から、むしろ雑然としても、組み合わせることを主張している。これもまた、WSの新たなノウハウであろう。

もうひとつは、WSにおける関係機関の関わりである。先にも触れた沢井村におけるアピオス振興では、そこにおける女性達の変化は感動的でさえある。しかし、見逃してならない点は、平井氏がファシリテーターとして、住民のみではなく、県庁職員や農業普及指導員を巻き込む対応が記録されていることである。

ロードマッピングで、工程表上にあえて付箋で「県への宿題」と書き、その後ウニ殻の土壌投入等に関する技術的な情報提供を得ている。関係機関は、そこでの取り組みの方向性に必ずしも賛成でなかったにしても、平井氏によって引き出された住民の真剣さに動かざるを得なかったのであり、そのためにもロードマッピングが使われている。WSでは、行政や関係機関は、ともすれば傍観者となりがちであるが、それを巻き込む手法がさりげなく提案されているのである。

このような実践的ノウハウ、そしてそれを導き出すWSの新しい枠組みは、年間50回もWSの現場にかかわり、さらに理論形成のために、内外の社会学文献を渉猟する平井氏ならではの成果と言える。そして、それは普遍性を持ちうるものであろう。「根（Root）を持つこと、翼（Wing）を持つこと」から、例えば「R型ワークショップ」「W型ワークショップ」、さらには「R−W再生システム」などとネーミングされ、農山村再生手法として定着することを解題者は期待している。

こうした革新的な手法と理論の登場を関係者の一人として、心より喜びたい。

【著者略歴】

平井 太郎 [ひらい たろう]

〔略歴〕

弘前大学大学院地域社会研究科・人文社会科学部准教授。
1976年神奈川県生まれ。東京大学大学院総合文化研究科博士課程単位取得退学。
博士（学術）。

〔主要著書〕

『地域おこし協力隊』学芸出版社（2015年）共編著、『現代都市の社会学』文化科学高等研究院（2015年）共編著、「分譲マンション管理をめぐる「コミュニティ」のゆくえ」『日本都市学会年報』第47号（2016年度日本都市学会賞）他。

【監修者略歴】

小田切 徳美 [おだぎり とくみ]

〔略歴〕

明治大学農学部教授。1959年、神奈川県生まれ。
東京大学大学院農学生命科学研究科博士課程単位取得退学。農学博士。

〔主要著書〕

『農山村再生に挑む』岩波書店（2013年）編著、『農山村は消滅しない』岩波書店（2014年）単著、『世界の田園回帰』農山漁村文化協会（2017年）共編著、他多数

JC総研ブックレット No.21

ふだん着の地域づくりワークショップ

根をもつことと翼をもつこと

2017年9月19日　第1版第1刷発行

著　者 ◆ 平井 太郎
監修者 ◆ 小田切 徳美
発行人 ◆ 鶴見 治彦
発行所 ◆ 筑波書房
東京都新宿区神楽坂2-19 銀鈴会館 〒162-0825
☎ 03-3267-8599
郵便振替 00150-3-39715
http://www.tsukuba-shobo.co.jp

定価は表紙に表示してあります。
印刷・製本＝平河工業社
ISBN978-4-8119-0517-4　C0036

「JC総研ブックレット」刊行のことば

筑波書房は、人類が遺した文化を、出版という活動を通して後世に伝え、人類がそれを享受することを願って活動しております。１９７９年４月の創立以来、このような信条のもとに食料、環境、生活など農業にかかわる書籍の出版に心がけて参りました。

20世紀は、戦争や恐慌など不幸な事態が繰り返されましたが、60億人を超える世界の人々のうち８億人以上が、飢餓の状況におかれていることも人類の課題となっています。筑波書房はこうした課題に正面から立ち向います。

グローバル化する現代社会は、強者と弱者の格差がいっそう拡大し、不平等をさらに広めています。食料、農業、そして地域の問題も容易に解決できないことが山積みです。そうした意味から弊社は、従来の農業書を中心としながらも、さらに生活文化の発展に欠かせない諸問題をブックレットというかたちで、わかりやすく、読者が手にとりやすい価格で刊行することと致しました。

この「ＪＣ総研ブックレットシリーズ」もその一環として、位置づけるものです。

課題解決をめざし、本シリーズが永きにわたり続くよう、読者、筆者、関係者のご理解とご支援を心からお願い申し上げます。

２０１４年２月

筑波書房

JC総研［JC そうけん］

JC（Japan-Cooperative の略）総研は、JA グループを中心に４つの研究機関が統合したシンクタンク（2013 年４月「社団法人 JC 総研」から「一般社団法人 JC 総研」へ移行）。JA 団体の他、漁協・森林組合・生協など協同組合が主要な構成員。

（URL：http://www.jc-so-ken.or.jp）